Nach denken mit Martin Gutl

Nach denken mit Martin Gutl

Texte
Meditationen
Gebete

Verlag Styria

Mit 52 Fotos
von
Wim van der Kallen

CIP-Kurztitelaufnahme der Deutschen Bibliothek

Gutl, Martin:
Nachdenken mit Martin Gutl:
Texte, Meditationen, Gebete. – 2. unveränd. Aufl. –
Graz; Wien; Köln: Verlag Styria, 1985.
ISBN 3-222-11446-3

2. Auflage, 1985

Printed in Austria
Umschlagfoto: Hans Gsellmann
Graphische Gestaltung: Hans Paar
Satz und Druck: Druck- und Verlagshaus Styria, Graz
Bindung: Wiener Verlag, Himberg
ISBN 3-222-11446-3

Vorwort

Geschichten, Erzählungen, in der Stille Erhorchtes, Begegnungen ließen mich nachdenklich werden. Aus vielen Notizen auf Fahrten, bei Konferenzen, nach alltäglichen Gesprächen entstanden Texte. Die Texte mögen helfen, neue Horizonte des Lebens zu sehen. Vieles ist in uns verborgen. Durch Denkanstöße ergibt sich plötzlich ein Zusammenhang, eine Erkenntnis, die ansatzhaft schon in uns war. Durch die vielen Begegnungen mit Menschen wurde ich mit vielen Lebenseinstellungen konfrontiert. Ich habe die Fragen der Menschen, die Leiden, die Probleme der Menschen in mir wirken lassen. Allmählich formten sich Gedanken, die ich aufschrieb. „Nachdenken" – dieses Buch soll dem Leser eine Glaubens- und Lebenshilfe sein. Die Illustration soll den meditativen Charakter des Buches unterstützen und den Leser dazu verhalten, sich vom Bild ansprechen zu lassen, zu warten, innezuhalten, zu schauen. Mit einer auf die Gegenwart bezogenen Bibelauslegung, mit Naturschilderungen, mit Gesprächen über wesentliche Fragen des Lebens, mit Gebeten wird der Leser zu sich selbst geführt. Mit der Darstellung eigener Konflikte und seelischer Vorgänge habe ich dabei nicht gespart. Ich bitte den Leser, selbst weiterzudenken, sich selbst über die Erfahrung, die er macht, zu befragen. Die Texte sind als Anstöße zum Nachdenken geschrieben worden. Möge durch das Lesen dieses Buches ein Lernprozeß beginnen, der durch viele andere Begegnungen ergänzt und fortgesetzt wird.

Martin Gutl

Inhalt

Seht, welch ein Gott!

Aus der Tiefe: Psalmen

In Gott geborgen

Aus meinem Leben

Geständnis

Warum noch schreiben?
Warum noch Menschen ansprechen?
Weißt du wirklich einen Weg
aus der Sackgasse dieser Welt?
Hast du eine innere Erlaubnis,
schreiben zu dürfen?
Wie verantwortest du deine Zeilen?

Erfahrungen prägen mich
und mein Wort.
Ich stand hilflos am Krankenbett
meines Vaters, der langsam ausleiden mußte.
Warum-Fragen hämmerten in meinem Kopf,
als meine Mutter stöhnte
und nach langem Leiden in die Ewigkeit ging.

Viele Menschen durfte ich
in den letzten Jahren
als Seelsorger begleiten.
Menschen, die sich voneinander trennten,
weil das Mißverstehen
bereits leibliche Schmerzen verursachte.
Menschen, die einander wiederfanden,
nach so vielen Jahren
gleichgültigen Beisammenseins.
Menschen, die lange gezweifelt hatten,
begannen wieder zu beten.

Ich habe in vielen Gesprächen
mit Engeln, mit Heiligen,
mit Gestalten aus der Heilsgeschichte,
mit Gott und mit Menschen geredet.
Mögen diese Gespräche
zu meinen Lesern weiterreden.

Bis jetzt

Den Schlaf der Nacht verkürzen
und die Stunden des Tages auskaufen
und sich selbst nicht schonen
und dann begreifen, all das ist
Scherz – ja das ist Ernst.
(Östlicher Mönch)

Geboren
mitten im Krieg.
Viel Angst und wenig Brot.

In der Schulzeit
einem guten Menschen,
einem Priester begegnet.
Wunsch, ein solcher Mensch zu werden.

Seminar. Matura. Seminar:
Zwischen Büchern und Menschen zu wählen.
Im Dilemma geblieben.
Fraglos Priester geworden,
nicht ohne Fragen geblieben.

Kaplan in einer Pfarrei,
Studentenseelsorger,
Telefonseelsorger,
Dreiklang des Dienstes bis jetzt.

Den Menschen gefolgt.
Hängengeblieben.
Schmerzvolle Lösung.
Tod und Auferstehung.

Um jeden Preis helfen wollen.
Den anderen Leiden erspart.
Dadurch ihr Wachsen verhindert.
Verbissener Einsatz.
Die Richtung verloren.

Bekehrung durch Gräser.
Das Grübeln verlernt.
Wunder erlebt.
Durch Erfahrung gläubig geworden.
Trotz meiner Freiheit geführt.

Die Mauern abgetragen,
den Blick ins All geweitet.
Den Humor verbreitet.

Zu beten,
zu schauen,
zu tanzen begonnen.

Seit meiner Kindheit

Seit meiner Kindheit
bin ich den Menschen auf der Spur.

Ich fragte viel.
Ich blieb sitzen,
wo viele gingen.
Ich lasse die Menschen
nicht aus meinen Augen.

Seit meiner Kindheit
bin ich den Menschen auf den Fersen.

Auf diesem Weg hab' ich
viel von Gott entdeckt.

Aus dem Tage- und Nachtbuch eines Seelsorgers

Messe mit Kindern am Morgen.
Sie zeichnen die Bibel.
Farbenkräftige Bilder!

Stufen vom Staunen
zum Beten.

Für die Zeitung schreiben.
Sinn geben für
mehr als tausend Menschen.

Fahrt zur Nervenheilanstalt.
Besuche. Blicke. Weitergehen.
Überall Erwartungsfülle.
Hungersnot der Seelen.

Der Frühling drängt sich
durch Gitter.
Landschaft aus grauen Kleidern
und Gesichtern.
Zerbrochen an Weiß-nicht-was.
Was hat sie krank gemacht?
Keine Zeit für Fragen.

Am Schreibtisch.
Telefonate.
„Der nächste bitte!"
Das Essen wird kalt,
die Stirne ist heiß!

Das Programm der nächsten Zeit
besprechen.
Seelsorger unter sich.

Zum Friedhof eilen.
Die Urne segnen.

Erde, Asche und der Gedanke:
Das blieb als sichtbarer Rest!
Einst Mutter, jetzt Asche!
Das kann nicht sein!
Ich glaube an Gott!
Ich glaube an das ewige Leben!

Bei einer neunzigjährigen Frau.
Sitzen und hören.
Ein Jahrhundert im Gesicht auskosten.
Segnen und sich segnen lassen!

5 Minuten nach 5,
sich in der Kirche besinnen.
Die Wartenden eine Stunde vertrösten.

Liturgie besprechen.
Und wieder beraten.

Ein Mensch weint sich aus:
Tausend mal tausend Warum?

Zerbrochener Glaube,
enttäuscht durch das Leben.

Menschen beten vor mir,
konzentriert und gesammelt.

Bußandacht, Predigt.
Menschen schauen dich an.
Hast du Brote für sie
oder Steine?

Ein Kreuzweg schließt an:
Geben, immer nur geben!

Messe bei Freunden.
Sich ausruhen können
in Gott und in Menschen.

Besuch bei einem Trinker.
Lange Gespräche.
Sitzen, schweigen,
zuhören können.
Dasein, nichts als das!
Erlösung spüren.
Hand und Gesicht
zeigen die Wirkung
der Hoffnung.

Sich nach Hause schleppen.
Nicht schlafen können.
Noch warten, noch beten.
Endlich ruhen können.

Ein Tag zwischen „Warum“
und „TROTZDEM“.

Dein Vermächtnis, Vater!

Ich habe schweigend mit dir
Schulter an Schulter gearbeitet.
Ich bin schweigend mit dir
durch die Wälder gegangen.
Ich bin schweigend mit dir
an einem Tisch gesessen.

Dein Beispiel ist mir
zur unvergeßlichen Antwort
auf viele Lebensfragen geworden.
Es kommt aufs Tun,
nicht aufs Reden an.

Frag nicht zuerst nach dem Glück,
frag zuerst nach deinem Auftrag!

Du hast viel durchgetragen,
jahrzehntelang.
Du warst treu und einfach.
Du hast nichts verschwendet.
Du bist nicht verzweifelt,
trotz deiner Schwächen,
die dir und uns Mühe machten.

Du hast gefeiert,
du hast gebetet und
dein Leben betend Gott übergeben.

Du hast deine Hände gefaltet,
die nur Knochen und Sehnen waren,
um zu beten.
Dein Gesicht wurde dabei
seltsam gelassen und innig.
Das Beten blieb
die letzte Verständigung
zwischen dir und uns.

Dein Lächeln, Mutter!

Ich sehe dich vor mir.
Dein Gesicht, dein Lächeln.
Wann immer ich heimkam,
ein Lächeln.
Wann immer ich fortging,
ein Lächeln.
Es war nicht das gleiche Lächeln
beim Begrüßen,
und nicht das gleiche
beim Abschied.
Aber es war immer ein Lächeln.

Dein Gesicht hat mir die Welt bedeutet.
Wie oft setzte ich in meinem Denken an
zu einer Frage.
Doch das Herz ließ diese Frage
nicht zu den Lippen kommen.
Ich schaute in dein Gesicht
und wußte:
Wozu da fragen?
Andere müssen Worte machen,
du konntest schauen.
Bis in deine letzten Stunden
hier auf dieser Erde
war dein Blick eine immerwährende,
gläubige Aussage,
ein Kommentar zur Weltgeschichte.

Dein Blick konnte richten und lieben in einem.
Er kam aus der Tiefe deines Wesens.
In deinen Augen, in deinem Gesicht
hab' ich den Widerschein
einer anderen Welt gesehen.

Dein Leben, dein Beten, dein Singen,
dein Schweigen, dein Weinen, dein Lächeln,
dein Mahnen, dein Lieben
zeigten mir, daß Gott lebt und liebt.
Er sah mich mit deinen Augen an.
Du hast mit deinem Blick
die Rätsel dieser Erde nicht erklärt.
Und doch!
Dein Blick sagte mir: „Sei getrost!
Es liegt alles in guten Händen.
Frag nicht, wie, frag nicht, warum!
Bete, singe, denke!
Gott lebt mit dir!"

Und das Wort ist Fleisch geworden

Ich habe eine Hand berührt,
eine Hand aus Fleisch und Blut.

In dieser Hand lag eine andere Hand.
Sie kam von weiter her
als von meinem Gegenüber.

Geblieben ist die Hand,
die nicht berührt,
doch fester hält
als jede Hand von Fleisch und Blut.

In dem Gesicht sah ich ein anderes Gesicht.
Es kam von weiter her
als von meinem Gegenüber.

Geblieben ist der Blick,
der vor mir weiterwandert
wie der Stern von Betlehem.

Warum?

Warum?

Kain hat den Abel millionenmal erschlagen,
und ich hoffe, daß Kain sich ändert.
Judas verrät Jesus tausendmal,
und ich hoffe auf die Bekehrung des Judas.

Warum bete ich,
wo ich zugeben muß,
wie sehr es auf mich ankommt?
Warum lache ich,
wo viele nichts zu lachen haben?
Warum sag' ich nach der zehnten Enttäuschung:
Es hat einen Sinn!
Warum sich nicht anpassen,
wo das Heulen mit den Wölfen zur Selbsterhaltung
gehört?
Warum nicht Böses mit Bösem vergelten,
wo die Güte ausgenützt wird?
Warum vertrau' ich auf Gott,
wo ich Ihn nicht sehe?
Warum glaub' ich an die Auferstehung der Toten,
wo ich vor den Gräbern der Toten stehe?
Warum?

GLEIS

Mensch, du tust mir leid

„Mensch, du tust mir leid",
sagte die Rose zum Zweifler und Grübler.
„Was ist mit dir?
Schon tagelang steh' ich vor dir
auf deinem Schreibtisch!
Du siehst mich nicht,
bestaunst mich nicht,
atmest nicht meinen Duft!
Du liest und grübelst
tagaus, tagein über Fragen,
die dich zermürben:
Warum? Wieso? Warum? Wieso?

Hör auf meine stille Botschaft!
Du bist da, du bist für jemand da!
Such die Menschen,
für die du wichtig bist!
Such die Dinge,
die dich brauchen!
Sei gut zu ihnen,
sei gut zu Dingen und Menschen!
Du bist für jemand da!
Niemand ist für sich allein geschaffen.
Jeder ist für andere da!
Hör auf meine stille Botschaft:
Laß das Grübeln!
Überwinde dich und tu etwas,
was dem anderen wohltut,
was ihm hilft!
Liebe!"

An einen unheilbar Kranken

Du hast seit einigen Wochen die Gewißheit,
daß die Ärzte ratlos sind.
Nach menschlichem, medizinischem Ermessen
bist du für diese Erde nicht zu retten.
Du gehst in ein anderes Dasein hinüber.
In den letzten Wochen und Monaten,
die dir bleiben, überdenkst du dein Leben.

Vieles, was dir vor kurzem noch wichtig war,
ist plötzlich entschwunden.
Vieles, was gestern auf deine Seele drückte,
ist jetzt überwunden.

Du schaust mit klarem Blick
die Menschen an, die dich
im Krankenhaus besuchen.
Dein Blick ist anders geworden.
Wir brauchen nicht nach schönen
Phrasen zu suchen und
vom Gesundwerden, vom Besserwerden reden.
Du weißt, wie es um dich steht.

Einst hattest du wenig Zeit für Begegnungen.
Jetzt fällt alles von dir ab,
was dich beschwert hat.
Du wirst ruhig und gelöst,
obwohl so viel auf deiner Seele lastet.

Du bist kein heroischer Mensch.
Auch du stöhnst und fragst ab und zu:
„Warum jetzt? Warum ich?"
Doch dein Glaube prägt dich
und führt dich hin zu Gott.

Beim Abschied

Miteinander Wärme erfahren
und in die Kälte zurückgehen müssen.
Sie winkt,
und ihr Gesicht
wirkt wie eine Botschaft:
Habe Geduld und warte!
Alles ordnet sich in einer Weise,
wie es in der Bibel geschrieben steht.
Warum nicht an Wunder glauben?

Mit Dir

Frage die Zugvögel
nach ihrer Heimat
und was sie empfinden
beim Flug
von einem Nest zum andern.
Wer gibt den Zugvögeln
das Gefühl der Geborgenheit?

Ich möchte mit Dir, lieber Gott,
zwischen zwei Wäldern
auf schmalem Weg gehen.
Morgennebel, taunasses Gras,
und hinter den Bäumen
beginnt die Sonne zu leuchten.

Ich möchte mit Dir, lieber Gott,
über vier Fragen sprechen:
Warum hast Du uns erschaffen?
Warum müssen Kinder leiden?
Warum ist es so schwer,
sich selbst zu erkennen?
Warum lassen sich Liebe
und Wahrheit so selten
vereinen?

Ich möchte mit Dir
viele Wege gehen.
Ich weiß, Du kennst meine Gedanken, o Gott.
Ich habe so oft Dich
an meiner Seite empfunden.
Doch ich hatte nicht Zeit, nicht Ruhe,
mit Dir zu reden.
Du hättest mir Antwort gegeben.

O ewiger Gott,
das Schweigen wird eines Tages zum Wort,
und Du wirst wieder gehen,
wieder mit uns,
mit mir,
mit uns allen!
Denn Du bist ein Gott der Gemeinschaft!

Gott fragt dich

Ich habe für dich die Berge erschaffen.
Warum wanderst du nicht?

Ich habe dir Kinder geschenkt.
Warum hast du keine Zeit für sie?

Ich habe für dich Bücher schreiben lassen.
Warum betrachtest du nichts?

Ich habe dir eine Stimme geschenkt.
Warum singst du nicht?

Ich habe dir einen Leib geschenkt.
Warum bewegst du ihn nicht?

Ich habe dir Gefühle geschenkt.
Warum verdrängst du sie?

Ich habe für dich Quellen fließen lassen.
Trinken mußt du selber!

Geh heim!

Gott ist in dir!
Warum suchst du ihn überall
in den schönen Kirchen
landauf und landab,
nur nicht in dir?

Gott ist die Liebe!
Warum glaubst du das nicht?

Gott spricht zu dir.
Warum wirst du nicht still,
um ihn zu hören?

Ich begann zu beten

Ich hatte eine Zeit,
da war ich blind.
Ich dachte, was alle dachten.
Ich sagte, was alle sagten.
Ich tat, was alle taten.
Ich hatte eine Zeit,
da kaufte ich Andachtsbildchen,
da reihte ich Rosenkranz an Rosenkranz,
da betete ich täglich dreißig Psalmen.
Ich hatte eine Zeit,
da tat ich meine Pflicht,
da dachte ich in Schablonen,
da war für mich die Welt weit weg.
Ich hatte eine Zeit,
da war ich blind.

Da bin ich aufmerksam geworden.
Da merkte ich: vieles stimmt nicht.
Sie reden vom Sachzwang
und zerstören den Menschen.
Sie reden vom Frieden
und handeln mit Waffen.
Sie verdienen an den Gastarbeitern
und an der Dritten Welt.
Sie hassen einander
und gehen gemeinsam zum Gottesdienst.
Da bin ich aufmerksam geworden.

Da habe ich die Bibel gelesen.
Einer versuchte den geraden Weg,
berief sich auf Gott,
sagte die Wahrheit.
Ich las von seinem Untergang
und las von seiner Auferstehung.
Da bin ich aufmerksam geworden.

Da begann ich zu fragen.
Wer ist schuld, daß die Welt
so ist, wie sie ist?
    Wir?
    Niemand?
    Gott?
    Sonst wer?
Wer wird sie verändern?
    Wir?
    Niemand?
    Gott?
    Sonst wer?
Wer tut etwas?
    Wir?
    Niemand?
    Sonst wer?
Da begann ich zu fragen.
Ich begann zu beten.

Warum sage ich immer noch …

Warum sage ich immer noch
nach so langen Nächten:
Es wird wieder hell!
So viele haben die Fahne
auf Halbmast gesetzt.
Warum hoffe ich immer noch,
wo viele zerbrechen?
Warum liebe ich immer noch,
wo viele hassen?
Warum verstehe ich immer noch,
wo viele richten?
Warum vergebe ich immer noch,
wo viele sich rächen?
Warum bete ich immer noch,
wo viele lästern?
Warum sage ich immer noch
nach so vielen Todeserklärungen:
Er lebt!

Spuren Gottes

Draußen

Draußen ist es Herbst geworden.
Die Laubwälder und ihre Farbenskala
wecken die Sehnsucht
nach Ewigkeit.

Auf weiten Feldern
winzige Punkte, Menschen.
Sie verlieren sich
in Nebelschwaden.

Die Erde ist müde geworden.
Sie hat getragen.
Die Ernte ist eingebracht.
Die Bäume haben gegeben,
was sie hatten.

Nun ist die Zeit
der Stille, der Sammlung.
Alles geht nach innen.
Auch du?

Du gelbes, rotes Blatt

Du gelbes, rotes Blatt
liegst vor mir am Boden.
Schön bist du!
Auch wenn du am Boden liegst,
ist deine Schönheit nicht verborgen.
Wir gehen über dich hinweg,
über viele Blätter...

Einst warst du grün,
ein Teil des Baumes,
innig ihm verbunden.
Als Lunge hast du ihm gedient.

Abgefallen, bist du Laub,
zur Streu bestimmt.

Du liegst in deiner Farbenpracht vor mir.
Soviel Schönheit noch am Ende!

Ich bin ein Grashalm

Ich bin ein Grashalm
auf einem Friedhofsweg.
Ich dränge aus einer Asphaltlücke
zum Licht.

Meine Wurzeln liegen unter der Erde.
Dort finde ich Halt.

Wie oft haben Menschen mich niedergetreten!
Ich habe mich wieder erhoben.
Ich bin ein Denkmal des Lebens
mitten im Friedhof.

Fahrt durch den November

Felder nach dem Pflügen.
Ackerfurchen,
rohe Erde, aufgerissen.

Und daneben grüne Felder.
Die Saaten sind schon aufgegangen.
Bald wird der Schnee sie bedecken,
doch die Boten der Zukunft
zeigen sich schon.
Aus dem sterbenden Laub
wird die Erde
neue Kräfte saugen.

November!
Er ist gar nicht so traurig,
wenn ich auf die grünen Felder sehe,
die künftige Ernte ahnen lassen.

Die kleine Tanne

Du kleine Tanne,
du wirst wachsen,
still, unbemerkt.
Wir werden kämpfen um Lebensraum,
um Energie, um Straßenbau.
Wir werden nach dem Sinn des Lebens fragen.
Du wirst dich still und ohne Fragen entfalten,
Zentimeter um Zentimeter.
Wir werden in der Familie,
in der Gemeinde,
im Staat,
in der Kirche,
in der Welt
Konflikte auslösen,
Konflikte verschärfen,
Konflikte bereinigen.
Du wirst still dastehen und wachsen,
im Sturm, im Regen, im Schnee,
bei Sonnenschein.
Du stehst da,
bleibst da,
allem ausgesetzt.
Deine Wurzeln liegen
unter der Erde,
unsichtbar.
Sie geben dir Halt und Kraft,
dich zu entfalten.
Du zeigst uns,
was wir zu tun haben:
warten, werden, reifen, vertrauen,
von innen nach außen wirken.

Die Wiesenpredigt

Du kleine Feldblume
am Rande des Weges!
Du sprichst deutlich
zu mir:
„Warum füllst du den Kopf
mit Häusern, mit Schulen,
mit Formeln und Fragen?
Das Gewicht deiner Gedanken
erdrückt dich.
Was weißt du von den Zielen
des Schöpfers?
Kennst du die Baupläne
des Himmels?
Setz dich zu mir!
Ich kann dir meine Abenteuer
erzählen:
wie Schmetterlinge mich
als Flughafen benützen;
wie es ist, wenn eine Ameise
den Stengel emporklettert;
wie ich im letzten Sturm
gezittert habe;
wie glücklich ich war,
als die Strahlen der Sonne
mich küßten.
Ich blühe für dich!
Bleib ein wenig bei mir,
dein Anblick macht mich so wertvoll!
Schau her! Ich breite
meine Geheimnisse aus.
Sich sammeln und strahlen!"

Vom Diesseits ins Jenseits

Die spitzen Kirchtürme
ragen aus dem Weizenfeld.
Der See führt Selbstgespräche –
die Seerosen haben ihre Köpfe
eingezogen und ineinander gelegt.

Die Grillen bilden einen Chor,
der mich von der sichtbaren
in die unsichtbare Welt
weiterschwingen läßt.

Machtpolitik

Ich stehe auf einer Brücke
und schaue in den Fluß.
Stromschnellen und gelbe Blätter,
die Gischt, die Schaumkronen . . .

Ich denke an die vielen Machtkämpfe
unter den Menschen –
wieviel Geschwätz,
wieviel Schaum!

Vorbei

Mit dem Schnellzug
von Großstadt zu Großstadt fahren –
Bäume zischen vorbei,
die Krüppelbirke, die Blumen,
Häuserfronten, Dächer, Vögel …
Nebelschwaden, Wege, Straßen.
Kühe auf den Feldern,
Menschen bei der Arbeit,
Kirchen, Türme …

Vorbeizischen,
vorbeiziehen,
vorbeirollen.

Was bleibt?
Was bleibt von den Begegnungen?
Was bleibt von den Blickpunkten?
Was bleibt von den Augenblicken?
Was bleibt von mir,
von dir,
von uns?

O Gott, wir Wanderer
zwischen Diesseits und Jenseits,
wir fragen immer, was bleibt.
Was kann schon bleiben
außer dem einen,
daß wir in Dir sind,
daß Du uns durchdringst,
daß wir ewig sind,
mit welchem Ausdruck immer!

Weizenkorn

Ich bin ein Weizenkorn
und heiße „Granula".
Lag lange in der Truhe.
Es war ein goldener Käfig,
ich fühlte mich wohl
bei den anderen Körnern.
Der Herbst begann.
Da spürte ich eine rauhe Hand.
Dann ging alles sehr schnell:
Schaufel, Sack, Furche.
Da lag ich nun, von allen getrennt,
in der kühlen, feuchten Erde.
Ich sah niemand
von meinen geliebten Brüdern und Schwestern.
Nur die Erde umschloß mich.
Ich weinte.
Da hörte ich das Flüstern
der Mutter Erde:
„Hab Geduld, kleines Körnchen!
Draußen wird es Winter,
Schnee deckt uns zu,
und tief drinnen wird es warm sein.
Du wirst keimen, sterben
und neuen Weizen gebären.
Fünfzig Körner aus einem Korn!
Ist das nicht ein Grund,
sich zu opfern?"

Die Seele als Weltenschöpfer

Ich betrachte Männer und Frauen,
Kinder, Freunde, Gegner,
Firmament, Berge, Bäume
selten mit Gleichgültigkeit,
manchmal mit Angst,
oft mit Vertrauen.

Wie anders wirkt die Welt
am Tag des Hasses,
am Tag der Liebe,
am Tag der Angst,
am Tag des Vertrauens,
am Tag der Verzweiflung,
am Tag der Hoffnung.

Die Seele erschafft die Welt,
in der nichts gelingt,
in der uns alles belastet,
in der uns alles so schwerfällt,
in der wir dauernd „Warum?“ fragen.

Und sie erschafft eine Welt,
in der wir uns wohl fühlen,
in der wir viel singen,
oft danke sagen und
alle anlächeln.

Nicht außen,
innen wird die Welt erschaffen.

Wenn wir einander begegnen

Begegnung verwandelt

Ein Mensch kam,
ein Gott ging.
Im Lieben geht der eine
in den anderen über.
Zwei Menschen beugen sich einander zu
und bilden Bögen
zwischen Armut und Fülle,
zwischen Himmel und Erde.

In Beziehung

Zwei Hände können klatschen,
eine Hand schafft es nicht.

Regen und Erde,
Sonne und Mond,
Meer und Land,
Mann und Frau,
Mensch und Mensch,
alles ist für die Beziehung da.

Zwei Ohren,
zwei Augen,
zwei Seiten,
zwei Sichten.

Nichts ist für sich allein,
alles ist für die Beziehung da.

Größer werden

Wir sind unterwegs
von Idee zu Idee,
von Traum zu Traum,
von Geist zu Geist,
von Leib zu Leib,
von Mensch zu Mensch.
Der eine geht fort,
der andere kommt an.
Wir haben zu teilen.
So werden wir größer.
Wir begegnen einander
und deuten
Himmel und Erde
stets von neuem
nach dem Erlebnis der Liebe.
Da wird das einfachste Leben
zur schönen Legende,
der schwächste Mensch
zum ewigen Du.

In Ihm sich finden

Wir waren außer uns,
sprachen Satz um Satz,
ohne auf das Gewicht
der Worte zu achten.
Wir ließen uns
vom Klang der Worte betören.
Wir bauten Luftschloß um Luftschloß.
Viel später holten uns die Worte ein.
Sie umringten uns
und drängten uns,
das Lügen aufzugeben.
Da erkannten wir,
wie fremd wir uns waren.

Wir begannen von neuem
miteinander zu reden.
Langes Schweigen,
Zeit, die Worte mit der Seele zu erhorchen.
Die Schale fiel ab,
der Kern lag da.
Offenbarung!

Nach dem heilsamen Gespräch
erkannten wir:
ER ist da.
In Ihm verstehen wir uns
in ungeahnter Klarheit.

Zwei gehen aufeinander zu

Nur wer nichts liebte,
war dem Schmerz enthoben,
doch wer nicht liebte,
war tot!
(Ernst Wiechert)

Zwei Menschen finden sich
aus vier Milliarden.
Er und sie,
Abgrund neben Abgrund,
zwei Menschen.
Sie werden erst.
Sie sind nie ganz.
Sie zeigen Mut.
Sie sagen ja.
Das schließt das Credo ein.
Sie begrenzen sich mit ihrem Ja
und hoffen, durch Begrenzen
in die Tiefe vorzustoßen.

Sie werden an kein Ende kommen.
Denn sie werden erst.
Bis sie ganz sind,
braucht es
eine Ewigkeit.

FNUNG
llusion

Partnerschaft

Du sagst ja zu mir.
Bist du auch bereit,
die vielen Wege zu gehen,
um mir näherzukommen?
Du sagst ja.
Weißt du, wie unendlich schwer es ist,
sich selbst zu erkennen?
Es ist schon vielen
der Weg zu sich selbst zu lang geworden.
Bist du dir im klaren,
wieviel mir selbst verborgen ist?
Kannst du zuhören,
ohne bei meinen ersten Sätzen
mir schon einen Rat zu geben?
Wagst du, am Ende eines langen Weges
allein zurückzubleiben?
Du willst alles für mich tun.
Was tust du für dich?
Wirst du dir Zeit aussparen,
um die verbrauchte Kraft
zu sammeln?
Du hast mich lieb.
Weißt du, wie oft die Gefühle wechseln?
Gott ist der Grund,
wo du und ich verankert sind.
Dort allein ist Sicherheit.

Nach dem Tod meines Freundes

Es ist schön, daß ich dir begegnen durfte.
Du hast mein Leben entscheidend geprägt.
Durch dich habe ich erfahren,
wie ein Mensch seine Angst überwindet.
Du bist in deine letzten Tage hineingegangen,
sehr betroffen, ergriffen,
aber nicht verzweifelt.
Du hast den Mut gehabt,
offen über deinen Abschied zu reden.
Du hast dich mit allen ausgesöhnt.
Du bist bewußt von uns gegangen.

Ich sehe noch deine
durchdringenden Blicke.
Ich spüre die Übernatur,
das Ewige in dir!
Du bist in frühen Jahren
ein vollendeter Mensch geworden.

Wir danken dir,
daß wir dich ein Stück des Weges
begleiten durften.

Jetzt bist du uns vorausgegangen.
Deine neue Gestalt ist uns nicht faßbar.
Und doch spüren wir,
du bist uns nähergekommen:
als Licht, als Kraft,
als Trost, als Friede!

Die man gerne übersieht

Bin nur eine Körperbehinderte

Bin nur eine Körperbehinderte.
Bin nur eine, die danebensitzt,
immer nur daneben und nie mittendrin.
Bin nur eine, die man gerade noch zur Kenntnis nimmt.
Als Partnerin komme ich nicht in Frage.
Die andern vergnügen sich auf Parties,
und ich bin allein in meinem Zimmer
und führe Selbstgespräche.
Ich wäre ein glänzender Euthanasiefall.
Manchmal wechseln sehr nette Menschen
ein paar Worte mit mir,
so wie man ein paar Schillinge
in den Opferstock wirft.

Eine Frau stürzte sich aus dem Fenster

Eine Frau stürzte sich
aus dem Fenster des Krankenhauses:
eine Tote auf dem Trottoir,
neugierige Passanten,
eifrige Polizisten,
betroffene Krankenschwestern,
vier verwaiste Kinder.

Sie hielt es nicht mehr aus.
„Schwache Nerven", sagen die einen.
„Wie konnte sie?" fragen die anderen.
Viele gehen zu ihrem Begräbnis.
Aber keiner kam, als sie Hilfe brauchte.

Die anderen

Sie essen neben uns,
sie reden neben uns,
sie schweigen neben uns,
sie feiern neben uns,
sie trauern neben uns,
sie verbittern neben uns,
sie verzweifeln neben uns.

Wie anders sind sie wirklich?
Sie haben andere Ansichten
über Politik und Religion,
über Fußball und Musik.
Sie machen andere Witze,
sie tragen andere Kleider,
sie richten ihre Häuser anders ein.

Weil sie äußerlich anders sind,
sind sie uns fremd.

Im Grunde sind sie uns ähnlich.
Alle haben Sehnsucht nach Liebe.

Doch so gründlich denkt man nicht.
Noch immer quält uns das ererbte Vorurteil
wie eine Erbschuld.

An die Ungeborenen

Ihr seid vor eurem ersten Atemzug
auf dieser Erde getötet worden.
Ihr konntet euch auf dieser Erde
nicht entfalten.
Ihr seid gekommen und vor eurer Ankunft
schon vernichtet worden.
Was war der Sinn des Lebens im Mutterschoß?

Wir wissen nicht,
wie viele von euch getötet wurden.
Doch eines sehen wir:
Nichts auf dieser Erde
bleibt ohne Folgen.
Leben ist ein Geschenk des unendlichen Gottes.
Der Mensch kann die Seele nicht töten.
Er kann nur den Körper vernichten.
Die Seele kann er nicht auslöschen.
Er kann sich selbst nicht vernichten.
Er kann seinen Körper,
sich selbst aber niemals töten.

Wir dürfen Hoffnung haben
für euch alle,
daß ihr trotzdem leben
und in einer Weise euch entfalten könnt,
die nicht irdisch ist.

Das mindert nicht die tiefe Schuld
von Menschen, die Leben töten.
Es gibt keinen Zufall.
Und schon gar nicht den Zufall des Lebens!

O ihr Ungeborenen! Seid barmherzig
mit den Menschen dieser Erde,
übt nicht grausame Rache!
Bewahrt uns vor Katastrophen.
Öffnet uns, den Geborenen, die Augen,
daß wir aufhören,
nur an unsere Bequemlichkeit zu denken,
an Komfort, an die Möglichkeiten,
es uns gutgehen zu lassen.

Helft uns, daß wir endlich verstehen:
Wir sind für den Auftrag da,
Leben zu schützen, zu fördern
und es nicht zu vernichten.
Wir sind da, den Krieg zu vermeiden,
die Geborenen und Ungeborenen zu lieben,
das Leben leben zu lassen
und es in keiner Weise zu verhindern.
Wo immer wir töten,
treffen wir das Herz Gottes.
Er ist die Quelle des Lebens.

An einen Strafgefangenen

Viele urteilen über dich,
ohne dich zu kennen.
Sie lesen Zeitungsberichte.
Du bist ihr Gesprächsstoff.

Ich kann deine Schuld nicht leugnen.
Ich bitte dich: Steh zu deinem Schatten!
Sei mutig! Schau auch diesem Teil
deines Wesens ins Auge,
der dich hingerissen hat,
einen Menschen zu töten.
Du hast eine Möglichkeit zur Veränderung.
Dort, wo du dich annimmst,
forderst du Gott heraus.

Das Grübeln wird deine Zelle
noch dunkler machen!
Die Fragen werden dich
mit neuen Lasten befrachten.

Das Vertrauen kann dich erlösen.
Das Vertrauen kann dir Zusammenhänge zeigen
und einen neuen Weg für die Zukunft weisen.
Bleib nicht stecken bei der Frage „Warum?"
Nimm dich an, wie du bist.
Das letzte Wort hat nicht das Gericht.
Das letzte Wort hat einer,
der am Kreuz zum Schächer sagte:
„Noch heute wirst du mit mir im Paradiese sein!"

Leben lernen – Mensch werden

Der Mensch

Der Mensch als Patient,
der Mensch als Fall,
der Mensch als Nervenbündel,
der Mensch als Parteimitglied,
der Mensch als Pfarrer,
der Mensch als Angehöriger,
der Mensch als Nummer,
der Mensch als Funktionär,
der Mensch als Rolle,
der Mensch als Forschungsobjekt,
der Mensch als Klient,
der Mensch als Interessent,
der Mensch als Werbeziel –

Der Mensch als Kind Gottes!

Täglich neu anfangen

Täglich neu anfangen
unter Lebensmüden.

Täglich wahr sein
unter Lügnern.

Täglich verzeihen
unter Feinden.

Täglich lachen
unter Traurigen.

Täglich barmherzig sein
unter so vielen Unbarmherzigen.

Versuchung des Abraham

Seichtes suchen
Tiefes fürchten,
kleinlich denken,
ängstlich handeln,
vor sich fliehen,
sich nichts trauen,
Kluges reden,
Taten meiden,
Spießbürger sein,
sein Glück vertun,
Gott verdrängen,
nichts entfalten,
nichts ausstrahlen.

Leben können

Loslassen können,
ohne einen fallenzulassen.

Beten können,
ohne das Planen einzuschränken.

Lieben können,
ohne sich anzuklammern.

Zu sich finden,
ohne nur an sich zu denken.

Sich in Gott versenken können,
ohne sich aufzugeben.

Denken können,
ohne zu grübeln.

Was hilft es?

Was nützen schnelle Autos
denen, die ohne Richtung sind?

Was nützen volle Teller
denen, die nach Liebe hungern?

Was hilft es, alle zu verstehen,
ohne einen zu bekehren?

Wozu die Heiligen verehren,
wenn keiner werden will wie sie?

Geben lernen

Ein reicher Mann hatte
schöne Frauen,
schnelle Autos,
große Häuser.

Als man bei der
Caritassammlung
an seine Tür klopfte,
ging er zum Nachbarn
Kleingeld holen.

Als man ihn zu Grabe trug,
nahm er nichts mit –
nur den Schmerz,
auf der Erde nichts gelernt zu haben.

Brot des Lebens

Viele strecken ihre Hände
nach dem Brot des Lebens aus.
Wenn ein Freund sie enttäuscht,
ziehen viele ihre Hand zurück.

Viele strecken ihre Hände
nach dem Brot des Lebens aus.
Wenn einer am Boden liegt,
zerstört und verlassen,
der das Brot des Lebens braucht,
ziehen viele ihre Hand zurück.

Keiner entkommt seiner Seele

Was nützt es dem Menschen, wenn er die ganze Welt gewinnt, aber an seiner Seele Schaden leidet. (Mattäus 16,26)

Und betäubst du dich mit Bier und Wein,
du entkommst deiner Seele nicht.
Und springst du ins Wasser,
um dich selbst zu ermorden,
du entkommst deiner Seele nicht.
Und drängst du den Geist zurück
und die Triebe nach vor,
du entkommst deiner Seele nicht.
Und baust du Luftschloß um Luftschloß,
du entkommst deiner Seele nicht.
Und fliehst du in den Lärm der lauten Musik,
du entkommst deiner Seele nicht.
Und fliehst du von einem Menschen zum andern,
du entkommst deiner Seele nicht.

Räche dich nicht,
wenn dich jemand betrügt,
wenn ein Mensch dich verrät.
Laß dich von Fassaden nicht blenden!
Keiner entflieht der Hölle in sich.

Du entkommst deiner Seele nicht,
am Tag nicht,
in der Nacht nicht,
im Leben nicht,
im Sterben nicht.
Du entkommst deiner Seele nicht!

Sei deiner Tiefe treu!

Sei deiner Tiefe treu!
Lauf nicht fort von dir!

Bleib bei dir in allen Zeiten.
Sei ganz du, und sei es gern!

Hilf dir selbst!
Geh zu dir nach Hause.
Warte und horche!

Sammle dich!
Zerstreu dich nicht!

Sei deiner Tiefe treu!
So wird sich Gott
in dir halten können.

Das Ganze sehen

Das Wachs verbrennt.
Das ist die halbe
Wahrheit.
Die Kerze leuchtet
schön und hell.
Das gehört zur
Gänze einer Wahrheit.

Wird die Muschel
nicht verletzt,
kommt die
Perle nicht
heraus.

Es gibt der
Mann sich her.
Es gibt die Frau
ihm Raum.
So wird ein
neuer Mensch
gezeugt.
Vom Geben
kommt der
Mensch,
nicht vom Behalten.

Loslassen

Vorträge,
Bücher,
Gespräche.
Wie schwer ist's,
vom Erlernten loszulassen
und sich von neuem
den Menschen,
den Worten
auszusetzen.

Ich sitze,
denke nichts
und warte.
Die Stille baut
eine Brücke zu Gott.
Der Kreislauf der Sorgen
bricht ab.
Ich bete, ich danke.
Ich sehe die Gitterstäbe nicht mehr,
die mich soeben noch einengten,
gegen die ich
erfolglos anrannte.
Die Freiheit beginnt innen,
nicht außen!

Wir wünschen gute Reise

Der Zug rollt ab –
entfliehende Gesichter.
„Wir wünschen gute Reise!"
Der Weg führt zu einem Gespräch,
das trösten soll,
das Frieden stiften soll.
„Gute Reise!" auf dem Weg zu einer Konferenz,
auf dem Weg zum Begräbnis des Bruders,
auf dem Weg zur Scheidungsverhandlung.
„Gute Reise!" auf dem Weg zur Schule,
auf dem Weg zum Krankenhaus, zur Operation.
„Wir wünschen gute Reise!"
Entfliehende Gesichter,
und ein Zug rollt ab.
Viele Gesichter suchen einander,
viele Augen schauen,
viele Gefühle stauen sich.
Wer fährt mit?
Wir wünschen gute Reise
für den letzten Zug, für die letzte Fahrt!

Wir wünschen gute Reise
den vielen jungen Menschen
mit ihren vielen Wegen vor sich.
Wir wünschen gute Reise!
Sie mögen ankommen bei ihrem Selbst
und nicht im Vordergrund,
in der Maske steckenbleiben!
Wir wünschen gute Reise
den Liebenden,
daß sie einander erfahren dürfen
in der Mitte ihres Wesens.
Wir wünschen gute Reise denen,
die allein geblieben sind,
und allen, allen!
Wir wünschen gute Reise
auf dem Weg zu Dir, zu Gott!
Wir wünschen gute Reise!

Inserat

Ein Mensch wird gesucht,
einer unter drei Milliarden:
Größe und Aussehen unwichtig,
Bankkonto und Wagentype nebensächlich.
Geboten wird
eine interessante Tätigkeit.
Gefordert wird
unmenschlich viel:
Mehr hören
als reden,
mehr verstehen
als richten,
mehr helfen
als klagen.
Ein Mensch wird gesucht.
Für Dankbarkeit
wird keine Garantie übernommen.
Sollten Sie
sich der Arbeit gewachsen fühlen,
melden Sie sich
bitte so bald wie möglich
beim Nächstbesten!

Jetzt oder nie

Die Uhr schlägt jetzt.
Die zeigerlose Uhr wartet auf uns,
die andere Zeit, die Ewigkeit.
Jetzt zueinander kommen;
Zeit haben, miteinander zu gehen.
Jetzt an sich arbeiten,
jetzt mit den Spannungen,
mit Liebe und Haß,
mit Entfremdung und Zuneigung
leben und jetzt glauben,
wo alles noch unsicher ist.
Jetzt, jetzt sich bewähren,
nicht erst in der Ewigkeit.
Jetzt hoffen, wo wir noch nichts
sehen von Gott.
Jetzt an den Menschen glauben,
wo nichts anderes da ist
als ein Verbrecher,
jetzt, nicht erst dann,
wenn er heilig ist.

Heute noch

Heute noch miteinander reden.
Zurückgehen, das Gespräch
von neuem beginnen.
Morgen könnte einer von uns tot,
stumm, blind, gelähmt sein.
Heute noch zurückgehen,
noch einmal hören, sich überwinden,
verzeihen, das Urteil über einen
Menschen aufheben.

Heute noch –
die Sonne wird über zwei
Versöhnten untergehen.

Widerstehe der Versuchung!

Widerstehe der Versuchung,
in dunklen Tagen
deine Hände zu Fäusten zu ballen
aus Wut über das Schicksal,
das dich schlägt!
Lerne aus allem!
Es gibt nichts,
wo nur genommen wird.
Es wird auch gegeben.
Wo eine Türe zugeht,
öffnet sich ein Fenster.
Schaue, warte und vertraue!

Wir brauchen Menschen

Trotz der drei Milliarden:
viel zuwenig Menschen.

Wir brauchen Menschen,
die nach der zehnten Enttäuschung
noch vertrauen können.
Wir brauchen Menschen,
die ein offenes Wort riskieren,
wenn anderen ein Unrecht geschieht.
Wir brauchen Menschen,
die lieber hergeben
als kassieren.

Trotz der drei Milliarden:
viel zuwenig Menschen.

Wir brauchen Menschen
mit etwas mehr Heroismus
und weniger Paragraphengeist.
Wir brauchen Menschen
mit etwas mehr Praxis
und weniger Bequemlichkeit.
Wir brauchen Menschen
mit etwas mehr Hand
und weniger Faust.

Trotz der drei Milliarden:
viel zuwenig Menschen.

Wir brauchen Menschen,
deren Ja ein Ja
und deren Nein ein Nein ist.
Wir brauchen Menschen,
deren Hoffnung andere trägt
und zum Leben erweckt.
Wir brauchen Menschen,
damit die Zukunft menschlicher wird
als die Vergangenheit.

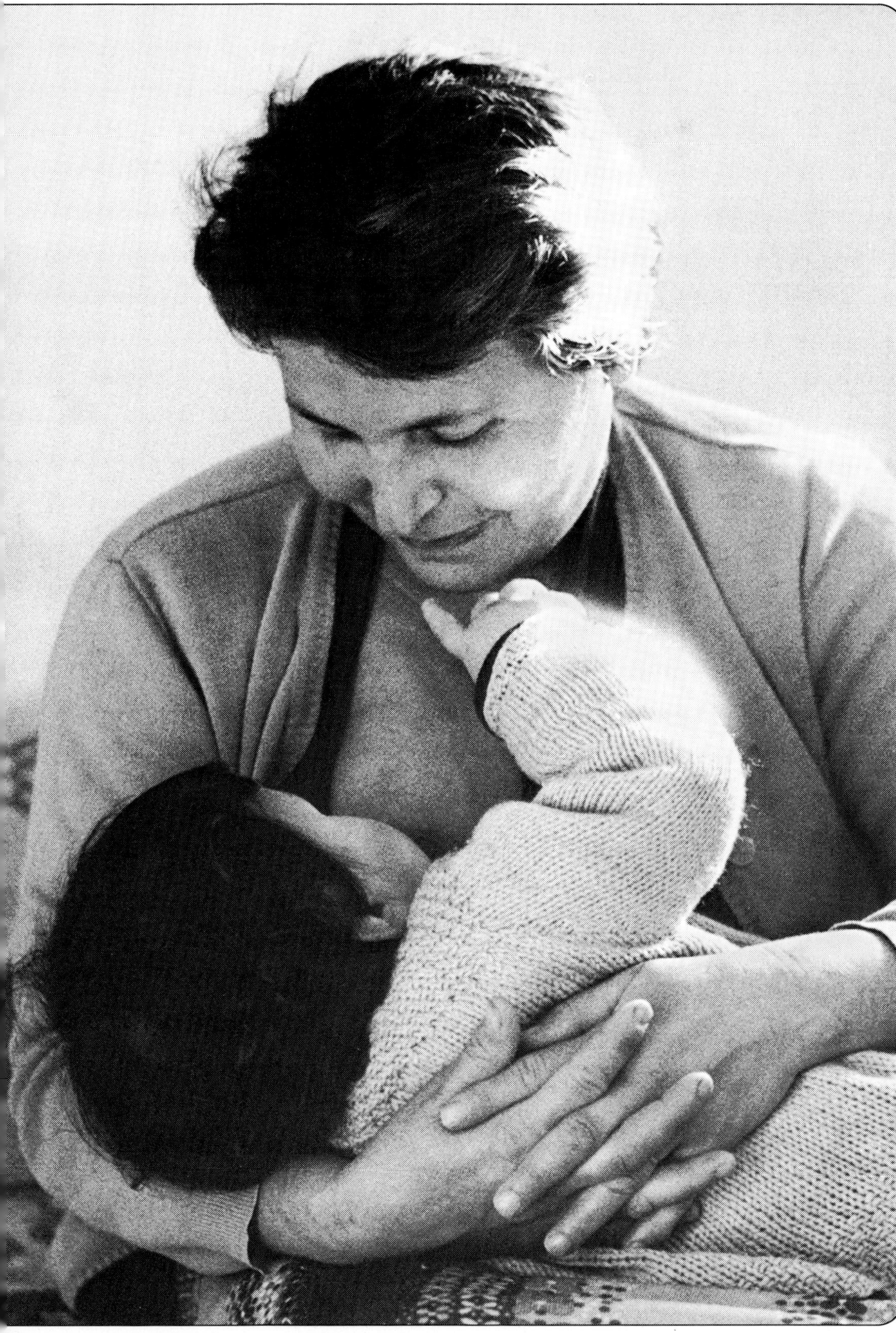

Vertrauen ist...

wie ein Hinabsteigen in einen tiefen Brunnen,
wie ein Mond, der aus einer Wolke hervorkommt,
wie ein Schiff auf dem weiten Ozean,
wie der Blick auf das Kreuz,
wie eine offengelassene Tür,
wie das Abseilen eines Bergsteigers,
wie der Torbogen einer gotischen Kirche,
wie ein gutes Gewissen vor dem Einschlafen,
wie ein fester Händedruck,
wie ein Mantel, der den Frierenden wärmt,
wie die Stille am Sonntagmorgen,
wie das Sternenzelt für die Karawane,
wie das Spielen eines Kindes,
wie der Tanz eines indischen Mädchens,
wie die Umarmung der Liebenden,
wie das Lied eines fröhlichen Alten,
wie der ruhige Schein einer Kerze,
wie das Heranreifen eines Kindes im Mutterleib.

Strecke deine Arme aus!

Strecke deine Arme aus
und bilde ein Kreuz mit deinem Leib!
Deine Arme sind der Querbalken,
dein Leib der Längsbalken.
Übergib dich Gott
und sei nicht ungläubig,
sondern gläubig!

Führe die Hände
zu deinem Herzen!
Leg sie aufs Herz
und warte,
bis die befreiende Botschaft
bei dir einlangt!

Die Frucht

Dreiundachtzig Jahre alt,
ganz Dienerin geworden.
Sie dient, sie gibt, sie schaut
mit großen, fröhlichen Augen
auf Enkelkinder und Urenkelkinder.
Wie sie die Schuhe putzt,
wie sie die Kartoffeln schält:
Alles ist Meisterschaft geworden,
Meisterschaft in der Hingabe.
Wenn das Weizenkorn nicht in die Erde fällt...
Hier ist die Frucht.
Reife, schöne, saftige Frucht.
Frucht dieser Erde:
ein Mensch, ein göttlicher Mensch.

Mensch geworden

Wer lange genug warten kann,
erlebt immer ein gutes Ende.
(Leo Tolstoi)

In den hellen Räumen der Reichen,
in den dunklen Löchern der Armen,
in Auflehnung
und Ergebung,
tausendfach bestätigt
und ebensooft gedemütigt,
zum Vorbild gemacht,
zur Karikatur geworden.
Von Menschen umgeben,
zwischen Engeln und Dämonen stehend.
Zeit gehabt,
ein Mensch zu werden.
Zu staunen,
weh zu tun und zu heilen,
schuldig zu werden,
zu lachen, zu trauern,
zu umarmen,
allein zu sein.
Viele Wege gewandert,
in manchem Tempel gesessen,
fremden Göttern nachgelaufen,
Jesus Christus gefunden,
um das Kreuz nicht herumgekommen.
Auferstehung erfahren.
Alles ist Gnade,
alles ist Führung,
seit es Ihn gibt,
den Schöpfer der Oasen und Wüsten.

Die fruchtbaren Wunden

Wer gelitten hat,
wird verstehen können.

Wer verwundet war,
wird heilen können.

Wer geführt ist,
wird weisen können.

Wer getragen ist,
wird tragen können.

Gebet auf dem Friedhof

Herr!
Wir schreiten langsam
durch den Friedhof.
Ich lese Namen um Namen.

Wozu sind sie auf die Welt gekommen?
Zu Tausenden, zu Millionen, zu Milliarden?
Namen, Titel, Namen.
Geschichte, Schicksal, Leben.
Die schönsten Stunden und
die bittersten Stunden.

Davon steht nichts
auf den Grabsteinen.
Wie haben sich Menschen, die hier liegen,
angestrengt, um einen großen
oder einen kleinen Vorteil zu erreichen!
Wie oft sind sie über Leichen gegangen,
um sich durchzusetzen!
Was haben sie erreicht?

Grabsteine schwätzen nicht,
Grabsteine lügen nicht.
Grabsteine stehen schweigend da.
Sie zeigen: Das Äußere vergeht
mit tödlicher Gewißheit.
Geh in dich!
Dort wirst du deine Ewigkeit finden!

Stille, du meine Geliebte . . .

Stille, du bist mir treu.
Ich brauche Minuten,
manchmal auch Stunden,
um dich in mich einzulassen.
Du weitest mir den Blick.
Du reinigst mich von den Sünden.

Du führst mich
zu den innersten Schichten
des Wesens.
Stille, in dir fühle ich mich daheim.

Stille, du betrügst mich nicht.
Die Oberfläche hat mich oft genarrt.
Tief innen im Wesen
sitzt die Wahrheit.
Wer sucht sie?
Wer findet sie?

Du meine Geliebte, du Stille!
Du bereitest mir die größte Freude.
Durch dich lerne ich schauen,
lerne ich denken,
lerne ich beten,
lerne ich Mensch sein.

Zusammengespannt

Kein Meer ohne Grund,
kein Fluß ohne Bett,
kein Geist ohne Leib,
kein Himmel ohne Erde,
keine Liebe ohne Leiden,
keine Güte ohne Strenge,
keine Freiheit ohne Weisung,
kein Glaube ohne Zweifel,
kein Heilen ohne Schmerzen,
kein Leben ohne Sterben,
keine Sehnsucht ohne Abschied.

An einen Manager

Du bist ständig unterwegs
zwischen New York und Frankfurt,
zwischen Paris und Moskau.
Du überfliegst Länder in Stunden
und liest die neuesten Börsenberichte.

Pausenlos kommen dir neue Nachrichten zu.
Du bist ständig mit deinem Büro in Verbindung.
Du hast Hunderte von Angestellten,
die deine Ideen und Pläne verwirklichen.
Du bist der Kopf eines großen Unternehmens.

Du weißt, wieviel Verantwortung du hast.
Hunderte von Arbeitern sind abhängig
vom Ausgang deiner Verhandlungen.
Du weißt um die Stärke
und um die Gefährlichkeit der Macht.

Die Kluft zwischen
deiner wirtschaftlichen Macht
und deiner eigenen menschlichen Ohnmacht
ist eine Zerreißprobe für dich.
Wenn du auf dein Inneres hörtest,
so müßtest du längst anders entscheiden.

Du weißt, daß du tüchtig bist,
anerkannt von Tausenden,
gegrüßt, geehrt, ausgezeichnet.
Und trotzdem bist du ärmer
als ein Bettler.

Du bist während der letzten Jahre
in deinem Beruf
zu einem lebenden Datenzentrum geworden.
Du funktionierst.

Ich wage zu fragen:
„Lebst du? Glaubst du? Liebst du?
Hoffst du?"

Was ist dir der einzelne wert?
Deine Frau, deine Kinder?
Du weißt selbst
um die Fragwürdigkeit deines Berufes.
Du bist in vielem ein Zwangsarbeiter geworden.
Der Zwang der Zeit,
der Zwang der Verhältnisse,
der Zwang der Dinge
engen dich ein.

Ich weiß nicht,
ob es verantwortlich ist von mir,
dir Fragen zu stellen,
was du denkst, was du glaubst und fühlst.
Ich weiß, du brauchst nicht Vorwürfe,
du brauchst einen verstehenden Menschen.

Du hast viele Bekannte,
viele, die dich schätzen.
Doch bei wem fühlst du dich geborgen?
Wem stellst du deine Fragen,
und wer beantwortet sie?
Kannst du noch still werden?
Redest du noch mit Gott?
Und was kommt dir von deinem Gott zu?
Schweigen? Kälte? Vorwürfe? Güte?

Dir, der du alles hast,
wünsche ich, was du nicht hast:
Zeit für dich!

Lebensregel

Greif zu, laß ab!
Nimm auf, wirf ab!
Sei still!
Rühr dich!
Rede!
Horche!
Weine!
Lache!
Dulde!
Wehr dich!
Schrei auf!
Füg dich!
Öffne dich!
Schließe dich!
Denke!
Glaube!
Bete! Handle!
Ora et labora!
Sag: O Gott!
Sei ein Mensch!

Den eigenen Weg gehen

Gemeinsam gehen. Lange Zeit.
Sich trennen können,
bevor der Haß die Seele zerstört.
Die Entwicklung des andern achten,
ihn nicht zum Sklaven machen.
Dem andern seine Talente glauben.
Ihn nicht zum Ja-Sager erziehen.
Dem andern Lebensraum geben.
Niemanden zum Mitgehen zwingen.
Nachgeben können,
ohne verbittert zu sein.
Großzügig denken.
Glauben können!
Es ist genug da
von allem und jedem.

Auf der Flucht

Auf der Flucht
vor dem Gespräch
ins Geschwätz,
auf der Flucht
vor dem Schweigen
in das Lärmen,
auf der Flucht
vor mir selbst
in die Masse –
wird Gott
mich nicht
ergreifen können.
Da ich nicht
zu mir gekommen bin,
wird Er mich nicht
treffen können.

Warten ist alles

Kein Schrei
verhallt ohne Echo,
keine Träne
verrinnt ohne Wirkung.
Ismael wird Stammvater
eines großen Volkes,
Hagar findet den Frieden.
Hagar, weine nicht mehr!
Dein Gott verleugnet sich nicht.
Er braucht seine Zeit,
um aus dem Nichts
die Welt zu erschaffen.
Für jeden im All
gibt es Hoffnung.
Warten ist alles!

Eigennutz

Einen Menschen abgöttisch lieben,
seine Persönlichkeit aufsaugen,
ihn für die eigene Macht mißbrauchen,
ihn wie einen Schatz besitzen,
ihn verwöhnen mit Güte,
ihm das wahre Leben vorenthalten,
ihn vor allen Härten bewahren,
ihm keinen Freiheitsraum lassen,
ihn abhängig machen,
ihn zu Tode lieben,
ihn zum Gott machen,
ihn kindisch erhalten,
ihn zum Krüppel lieben,
ihn abtreiben
nach der Geburt.

Sich
das Staunen bewahren

Im Geist des Abraham
zu denken beginnen:
Neu denken können
von Gott,
vom Mann,
von der Frau,
von der Ehe,
von der Liebe.
Der Mensch fragt,
der Mensch sucht,
der Mensch forscht
ohne Ende.
Dogmen töten das Leben.
Sie werden zum Sarg
für die Wahrheit.
Die Lehre bildet den Ansatz,
niemals den Schlußstrich.
Der Mensch kann nichts
Ewiges denken.
Er ist ein Strom.
Er wird ständig geboren.
Nur Einer ist.
Er ist undenkbar.

Der Weg zu Gott

Der Weg zu Gott

Die Algen
sind mühelos zu erreichen.
Wer Perlen sucht,
muß tiefer tauchen.

Wer Gott finden will,
muß in die Stille gehen.

Die Stille

Alles Große
kommt aus der Stille.
Große
suchten Stille.
In der Wüste
wurden sie geformt:
Moses, Jesus, Paulus.

Mönche sammelten
in Klöstern
die Stille ein.
Ihre Handschrift,
ihr Choral, ihre Arbeit
dauert.

In der Stille wächst ein Mensch
im Mutterleib heran.
In der Stille finden
Menschen zueinander.
In der Stille zieht
das unendliche Geheimnis,
das tiefste Du,
den Menschen an.
In der Stille der Nacht
rang Jakob mit Gott.

Jakobs Kampf

Noch spüre ich Deinen Atem,
bist mir noch so vertraut vom Kampf.
Nun ist Friede.
Ich frage nicht mehr:
„Bist Du da?
Bist Du abwesend, mein Gott?“
Denn ich liebe!
Ich frage nicht mehr:
„Wer bist Du?“
Denn ich habe Dich gespürt.
Nicht jede Begegnung mit Menschen
ist eine Begegnung mit Dir,
und nicht jedes Gebet
ist ein Gespräch mit Dir!
Du läßt Dich nicht zwingen.
Du bist frei!
Doch ab und zu ergibst Du Dich!
Du bist ein Geschenk.

Gott

Marathonläufe
um das eine Thema –
GOTT!
Worte, Sätze,
Grenze der Sprache!
Begriffe –
was wollen wir ergreifen?
Die Ergriffenen werden verstehen
und schweigen.

Wir möchten alles einordnen können
in oben und unten,
gescheit und dumm,
Zeit und Ewigkeit,
Diesseits und Jenseits.
Gott entzieht sich
den Grenzziehern.
Er ist nicht festzunageln.
Denn der angenagelte Gott
ist auferstanden
und läßt sich nicht mehr
ans Kreuz schlagen!

Ohne Umwege

Von Blick zu Blick,
von Hand zu Hand,
von Mensch zu Mensch.
Von mir zu dir:
Gibt es einen kürzeren Weg
zu Dir, o Gott?

Suchet zuerst das Reich Gottes!

Suchet zuerst das Ewige,
nicht das Vergängliche!

Suchet zuerst die Quelle,
nicht das Wasser!

Suchet zuerst Gott!
Ihr werdet sicher sein.

Suchet zuerst Gott!
Er wird euch beraten.

Suchet zuerst Gott!
Ihr werdet euch von selbst entfalten.

Suchet zuerst Gott,
und ihr werdet trotz aller Fremde
stets in Gott zu Hause sein.

Suchet zuerst Gott,
und es wird sich alles
zu eurem Besten fügen.

Suchet zuerst Gott,
und ihr werdet euch finden.

Suchet zuerst Gott,
und ihr werdet auf den Grund kommen.

Suchet zuerst das Innen,
nicht das Außen!
Von innen kommt die Kraft,
nicht von außen!

Schau mir ins Gesicht!

Schau mir ins Gesicht,
o kleiner Mensch!
Siehst du die Wundmale nicht,
die ich trage?
Siehst du nicht die Spur vom Blut,
das ich geschwitzt habe?
Siehst du die Wunden nicht,
die Narben, halb verheilt?
Du denkst, es sei schon alles vorbestimmt.
Du meinst, der Plan sei fix und fertig,
er laufe nur mehr ab.

Ich sage dir, o Mensch:
Bedenk:
Wir alle sind im Fluß!
Alles liegt in meiner Hand.
Von mir ging es aus.
Doch was da wird,
o Mensch, bedenk!
Du bist frei!
Frei, Jahrmillionen zu verzögern
oder die Vollendung herbeizuführen!
Eines ist gewiß:
Ich gebe dir die Möglichkeit,
immer wieder die Möglichkeit.
Wenn es in Millionen Jahren nicht gelingt,
dann in Milliarden Jahren.
Einmal wird es sein:
Alles in allem vereint
und ich in dir und du in mir,
o Mensch!

Für einen Augenblick lang

In einer Kirche stehen.
Für einen Augenblick lang
eins sein
mit den Steinen des Bodens,
mit den Mauern, mit den Fenstern,
mit den Bögen, den spitzen und runden,
mit Himmel und Erde,
mit gestern und heute,
mit Leib und mit Seele,
mit mir und den andern,
mit Freunden und Feinden,
mit Gott in mir,
mit Gott außer mir.
Für einen Augenblick lang
nichts als sein.
Ewig sein.
Mensch sein.

بسم الله الرحمن الرحيم

Vor dem Altar

„Adoremus sanctissimum sacramentum!
Unsere Hilfe ist im Namen des Herrn!"
So steht es auf dem Altartuch geschrieben.
Ich habe mich losgerissen
von den Klagen, den Vorurteilen,
den belanglosen Worten,
mit denen sich die vielen selbst genügen.
Ich flüchte zu Dir, o Gott!
Vor Dir öffnen sich die Tore
meines Herzens.
Ich spüre: Du bist da!
Ich sehe Gleichnisse:
Das helle Kreuz,
die Darstellung der Engel
und der himmlischen Frau.
Maria, in den Himmel aufgenommen.
Ich sehe den Heiligen,
der die Kirche trägt auf seinen Schultern.
Ich sehe hinauf in die Kuppel
und wandere mit den Augen
wieder herab zum Tabernakel.
Groß und mächtig stehen die Engel vor mir.
Sie haben ein Herz, das brennt.
Symbole, Sinnbilder . . .
O Gott, ich danke Dir!
Hier muß ich nichts erklären.
Hier darf ich leben, ohne zu sprechen.
Das Schweigen ist Gespräch.
Farben, Bilder, Orgeltöne,
Bibelworte, dargestellt,
und ich, mich selbst erfahrend
jetzt vor Dir, mit Dir, in Dir!

Zeit für das Beten

Zeiten im Tag aufsparen,
Zonen der Stille um Gespräche
und Handlungen legen.

Den inneren Lärm der Wünsche
und die laute Außenwelt abklingen lassen.
Hinunterhorchen bis in die untersten
Schichten des eigenen Seins.
Sich der Stille anvertrauen,
dem Mann, der Frau, den Kindern,
den Freunden, den Feinden
lange in die Augen schauen,
sich ins Schweigen einüben,
sich in die Bibel einführen lassen,
Bilder und Gleichnisse
aufleben lassen,
die Zeichen der Natur
andächtig betrachten,
die Zeremonien des Alltags pflegen,
persönliche und ehrliche Gespräche führen,
sich selbst, die Welt und Gott annehmen lernen,
sich selbst und seine Schatten sehen,
sich Gott und den Menschen
mit dem Herzen zuwenden.
In Kirchen
eine geheime
Welt erahnen.
Angesprochen werden,
sich dem Anspruch stellen,
sich treffen lassen
und betroffen leben.

Ein Denkmal für eine Unverzagte

Betrachte immer die helle Seite der Dinge!
Und wenn sie keine haben?
Dann reibe die dunkle, bis sie glänzt!
(Altes Sprichwort)

Sie hatte keine Bücher.
Sie konnte nicht reisen.
Tagaus, tagein Arbeit
im Haushalt.
Arbeit im Freien.
Erinnerungen:
Karge Kindheit.
Harte Jugend.
Kranke Schwester,
lange allein,
späte Heirat.
Bitterer Kampf ums tägliche Brot,
ein schwieriger Mann,
Neigung zur Trunksucht,
viele Kinder,
keine sorglosen Tage,
keinen Urlaub im Süden.
Sie hatte wirklich nichts
als fröhliche Lieder.
Sie segnete viel
und fluchte nie.
Sie starb ohne Geld.
Sie hinterließ als einziges Erbe
ihr Vertrauen auf Gott.

Vor Ihm

Altar im Licht,
Seele im Schatten.
Die Hände zittern,
die Gedanken eilen.

Nur Gott schaut
mit ewiger Ruhe mich an!

Es geht immer um Letztes

O Herr,
je öfter ich mit Menschen spreche,
an Gräbern stehe,
Menschen aus einer leidvollen Situation
herausführen helfe,
desto klarer wird mir:
Im Leben geht es immer um Letztes:
Um Schuldigwerden und Vergebung-Erlangen,
um Verlorensein und Sich-wieder-Finden,
um Verletztsein und Wieder-heil-Werden,
um Leben und Sterben.
Um Jenseits,
um Himmel und Hölle,
um Fegefeuer.
Um Teufel und Engel,
um Christus.
Um Kreuzigung und Auferstehung.

Vor dem Altar der Schmerzhaften Mutter

Ich sehe dich, Maria,
mit einem Schwert im Herzen,
zu einer Zeit, als du noch nicht wußtest,
was mit deinem Sohn geschehen wird.
Vieles ist dir verheißen worden:
Dein Sohn würde groß sein
und zum Segen für viele werden.
Wie hat dich das Wort des Simeon getroffen:
„Ein Schwert wird deine Seele durchbohren!"
„Wußtest du nicht, daß ich
im Hause meines Vaters sein muß?"
Und später, bei der Hochzeit,
als du den Blick Jesu ertragen mußtest
und seine Worte:
„Frau, was habe ich mit dir zu tun?"
Unter dem Kreuz stehend,
da war es, das Schwert!

Ich sehe vor deinem Altar
Menschen stehen, Maria.
Viele Menschen, viele Schwerter,
die Herzen durchstoßen.

Das Schwert der Diagnose:
„Unheilbar krank!"
Das Schwert des Kindes,
das den Eltern sagt:
„Ich will nicht mehr bei euch wohnen.
Ich ziehe aus.
Ich verstehe mich nicht mit euch!"
Der Schmerz eines Mannes oder einer Frau,
die sagen: „Wir verstehen uns nicht.
Wir gehen auseinander."
Der Schmerz eines Seelsorgers, der sagt:
„Ich kann euch nicht trösten,
ich finde selbst keinen Trost."

Ich bin dankbar,
die vielen Kerzen zu sehen,
die Menschen hier anzünden.
Eine Landschaft flackernder,
zuckender Flammen als Sinnbild
für Menschen, die opfern und lieben,
ringen und leiden.

Die lächelnde Madonna

Sie steht in meinem Zimmer.
Ich sehe sie in vielen Phasen des Lebens:
friedlos, ratlos,
gesichert, gestärkt.
Ich höre ihre Worte in der Stille:
„Siehe, ich bin die Magd des Herrn,
mir geschehe nach Deinem Wort."
Sie baut mir eine Brücke
vom Ich zum Du.
Sie hilft mir,
das Todernste im Leben
heiter zu tragen.
Eine Antwort im Wort
gab sie mir nie.
Sie lächelt mich an.

Denn du kannst warten

Maria,
du hast Jesus losgelassen.
Er ging seinen Weg,
einen gefährlichen Weg!

Du hast gewartet,
bis er dich brauchte,
damals, auf dem letzten Weg.
Dein Blick genügte.
Liebe und Glaube.
Es wird alles gut.

Noch ist alles schrecklich.
Was du voraussahst, ist da:
Kreuz, Sterben, Tod!
Doch tief innen Gewißheit:
Es wird alles gut!

Kommunion

Ich habe dir den Leib Christi gebracht.
Da hast du zu weinen begonnen.

Du hast auf deine Beine gezeigt
und gesagt:
„Die Füße wollen nicht mehr.“

Ich bete mit dir langsam das Vaterunser
und gebe dir den Leib des Herrn.
„Leib Christi, für dich hingegeben.“
Du wirst viel Kraft brauchen,
um hier in dem kleinen Raum
nicht zu verzweifeln
mit der Erinnerung,
dich dein Lebtag geplagt zu haben.
Und jetzt?
Schmerzen, Lähmung, langsames Absterben.
Es läßt sich nicht sagen,
warum du Kohlensäcke tragen mußtest,
während der Nachbar ein Drittel des Jahres
Reisen machte und das Leben genießen konnte.

Was dir bleibt:
Der Glaube, daß mit dem Tod
ein neues Leben beginnt,
in dem du von irdischen Lasten befreit
und endlich selig sein wirst.

Abschied vom Gottesbild

Gott zerbrach den Rahmen des Bildes,
in den Abraham ihn einspannen wollte.
Er trieb den traumlosen Schläfer
ins weglose Land.
Dort unter zahllosen Sternen
war ihm der Unendliche nahe.
Ohne Häuser und Städte,
ausgesetzt den Tieren und Feinden,
lernte er Gott kennen,
der in ihm sich verbarg.

Werden, was wir sind

Aus den kleinen Gebeten
kommen die großen Entschlüsse.
Aus den schlaflosen Nächten
stammt die feste Gewißheit.
Aus den quälenden Zweifeln
dringt der heilende Glaube.
Aus dem verlorenen Stolz
wächst die bleibende Größe.
Aus der erfahrenen Nähe
quillt die Sehnsucht nach Ihm,
der vor uns herzieht.
Nach gemeinsamen Wegen,
durch Träume und Bilder,
durch Tage und Nächte,
durch Wüsten und Oasen
wird aus Abram
der Abraham:
Ein Mensch,
wie Gott ihn sah,
als er in Liebe
den Menschen erschuf.

Tödliches Grübeln

Lot, suche den Himmel
nicht in Ruinen!
Nicht in Gräbern!
Nicht im Gestern!
Sodom, deine Heimat,
verbrennt!
Deine Frau hat
den Blick des Grüblers
mit dem Tode bezahlt:
Sie trauert ihrer
Vergangenheit nach.
Sie zweifelt
an der neuen Heimat.
Lot, geh Gott nach!
Dem ziehenden Gott,
der nur für kurze Zeit
Seine Zelte aufschlägt.
Er wandert und wandert.
Er weiß, wohin.
Lot, geh Ihm nach!
Bis du Ihn erreichst
und Ihn ewig umarmst.

Der Mensch zwischen zwei Polen

Flackernde Kerzen
auf den Friedhöfen
der Erde –
und darüber
die ruhigen Sterne.
Zuckendes Feuer
in den Augen des Menschen –
und tief innen in ihm
der gelassene Gott.

Bist du ein Christ?

Bist du ein Christ?

Du bist weder kalt noch heiß.
Weil du aber lau bist,
will ich dich ausspeien
aus meinem Mund.
(Offenbarung 3,16)

Bist du ein Christ?
Oder nennst du dich
nur versehentlich
einen Christen?

Nennst du dich einen Christen,
obwohl dein Feuer erloschen ist
und du dich über die Asche freust?
Nennst du dich einen Christen,
obwohl du dich an Menschen hängst,
die zu Asche geworden sind?
Nennst du dich einen Christen,
obwohl du nicht im Traum daran denkst,
auf dem Weg Jesu Christi zu gehen?
Nennst du dich einen Christen,
obwohl für dich satte Behäbigkeit
dasselbe wie Christentum ist?
Nennst du dich einen Christen,
obwohl du deine erste Liebe,
deinen Glauben, deinen Christus
vergessen hast?

Martyrium heute

Von den Eltern wurde sie verstoßen,
weil sie ein Kind bekam.
Vom Freund wurde sie erpreßt,
sich das Kind nehmen zu lassen.
Die ehemaligen Freunde ließen sie im Stich.
Sie sagt ja zu ihrem Kind.
Sie bekennt sich
zum Leben.

Christsein

Ehrlich,
aber nicht lieblos.
Sensibel,
aber nicht gereizt.
Strebsam,
aber nicht verbissen.
Verständnisvoll,
aber nicht unkritisch.
Treu,
aber nicht starr.
Überzeugt,
aber nicht fanatisch.
Gütig,
aber nicht dumm.
Gewaltlos,
aber nicht wehrlos.
Konsequent,
aber nicht rücksichtslos.
Erfolgreich,
aber nicht überheblich.
Humorvoll,
aber nicht ausgelassen.
Einfach,
aber nicht harmlos.
Von Gott erfüllt,
aber nicht weltlos!

Das Evangelium

An ihren Früchten
wird man sie erkennen.
(Mattäus 7,16)

An ihren Stimmen,
an ihren Häusern,
an ihren Liedern,
an ihren Büchern,
an ihren Freunden,
an ihren Ehen,
an ihren Kindern,
an ihrem Lachen,
an ihrem Schweigen,
an ihrem Reden,
an ihrer Trauer,
an ihrer Freude
wird man Christen erkennen.

Ein strahlender Mensch
beweist eindringlicher als Worte,
daß Gott im Menschen lebt.

Retten oder töten?

Eine Ameise klettert
meinen Handrücken entlang.
Ich will sie
auf die Erde setzen.
Eine schwarze Spur blieb
auf der Hand.
Meine Finger – Mühlsteine,
die sie zermalmten.

Wie oft wird ein Mensch,
den wir retten wollten,
von unseren gut gemeinten Ratschlägen,
von vielen netten Worten
zermalmt und getötet.

Christliche Logik

Wer sein Leben gewinnen will,
wird es verlieren.

Wer sein Ich verleugnet,
wird es finden.

Wer den Haß überwindet,
wird zur Liebe fähig.

Wer sich vom Besitzen löst,
dem fällt alles zu.

Wer sich nicht an die Erde klammert,
dem zeigt sich im Kleinsten das Größte.

Wer gibt, dem wird gegeben.
Wer mit dem Geben zögert,
dem wird genommen, was er hält.

Wieviel gibst du her von dir?

Wieviel gibst du her von dir,
wenn du mit Menschen sprichst?

Steck dein Maßband ein!
Hör auf zu grübeln!
Sonst wirst du dich krank denken
und zum Krüppel forschen,
wenn du das Geheimnis der Liebe,
das Geheimnis der Schöpfung
auf diesem Weg erfahren willst.
Geh zu jenen Menschen,
die einander jahrzehntelang
in der Ehe gedient haben!
Frage Menschen,
die auf vieles verzichtet haben,
um durch ihre liebende Ausstrahlung
anderen eine Heimat zu geben!
Frage die Menschen,
die nicht viel über Gott reden können!
Frage die Stillen,
deren Gesicht deutlich sagt:
„Gott ist meine Kraft,
Gott ist meine Hilfe!"
Setze dich zu jenen,
die dich brauchen,
und du wirst plötzlich erfahren,
wer der ist,
der Millionen gestärkt hat!
Du wirst staunen
und aufhören zu fragen.

Nicht zurückgewiesen

Er wußte um seine Lage:
Er hatte nicht mehr viel Zeit.
Kaum fünfzig und sterben müssen!
Tagelang, wochenlang verbittert.
Sein Innerstes wurde zur geballten Faust.

Da sagte einer zu ihm:
„Gott hat Seine Hand ausgestreckt."
Der Patient schwieg lange.
Dann sagte er:
„Ich werde sie nicht zurückweisen."
Er empfing die Kommunion
und starb
mit einem Ausdruck von Liebe.

Jemand hat zu mir gesprochen

Jemand hat zu mir gesprochen
und nicht an mir vorbei.

Jemand hat sich mit mir eingelassen
und nicht das Risiko gescheut.

Jemand hat mir zugehört
und nicht auf die Uhr gesehen.

Jemand hat sich mir zugewandt
und nicht ungeduldige Augen gemacht.

Jemand hat mich mitgenommen
und nicht sitzenlassen.

Jemand hat sich helfen lassen
und nicht stolz abgelehnt.

Jemand hat sich als Christ bewährt.

Das Kreuzzeichen

Ein blinder Mann.
Er hilft den Außenseitern.
Er ermuntert,
er vermittelt,
er versucht
trotz der Enttäuschung,
den Menschen
einen Halt zu bieten.
Von seinem Leid
spricht er selten.
Von Zeit zu Zeit
tastet er in seinem Zimmer
nach dem Kreuz.
Er muß die beiden
Balken spüren.
Mit dem Kreuz in der Hand
versteht er seine Welt.
Dann öffnet er die Tür,
den nächsten Armen
zu empfangen.

Jesus wird dich fragen

Ich habe gesagt:
„Wer von euch ohne Schuld ist,
werfe den ersten Stein."
Wie viele Steine hast du
auf andere geworfen?
Ich habe dir gesagt:
„Liebet eure Feinde!"
Wie denkst du über deinen Gegner?
Hast du Feinde?
Wie sprichst du über sie?
Ich habe dir gesagt:
„Wenn du merkst, daß jemand
etwas gegen dich hat, geh hin,
sprich dich aus mit ihm!
Dann komm und feiere
deinen Gottesdienst!"
Wie oft hast du dich
vor oder wenigstens nach der Messe
mit dem ausgesprochen,
den du nicht verstanden hast?

„Ich habe mich mit Bettlern, Dirnen,
Trinkern, mit Menschen
ohne guten Ruf abgegeben."
Wie gehst du mit denen um,
die niemand mag?

Ich habe dir gesagt:
„Der Knecht ist nicht größer als sein Herr.
Haben sie mich verfolgt,
werden sie auch dich verfolgen."

Hast du den Anspruch meiner Worte
so lange abgeschwächt,
bis sie keinen mehr schmerzten?

Ich habe dir gesagt:
„Liebe deinen Nächsten wie dich selbst!"
Magst du dich selbst?
Wie erträgst du die Menschen in deiner Umgebung?

Ich habe dir gezeigt,
daß ich Angst hatte und verlassen war.
Wie oft gibst du deine Schwächen zu?

Ich bin für meine Wahrheit gekreuzigt worden.
Wofür hat man dich ausgezeichnet?
Ich habe dir gesagt:
„Was nützt es euch,
wenn ihr die ganze Welt gewinnt,
an eurer Seele aber Schaden leidet?"

Wieviel Zeit nimmst du dir für dich selbst,
für dein Beten,
für das Lesen der Heiligen Schrift?
Ich habe dir gesagt:
„Seid klug wie die Schlangen,
aber unverdorben wie die Tauben."
Wie oft begnügst du dich mit Schwärmerei,
ohne deine Klugheit im Gespräch
mit anderen einzusetzen?

Ich sagte dir:
„Wenn einer zwei Mäntel hat,
soll er einen von ihnen dem geben,
der keinen hat.
Wer etwas zu essen hat,
soll es mit dem anderen teilen."
Was teilst du an Zeit, Geld
und Ideen mit den anderen?
Ich habe dir gesagt:
„Gebt freiwillig, dann wird
auch euch gegeben werden,
reichlich und so großzügig,
daß ihr es kaum fassen könnt."
Hast du damit angefangen?
Was hast du erfahren?

Ich habe dir gesagt:
„Wem wenig verziehen wird,
der kann wenig Liebe schenken."
Wie oft hast du aus Angst
vor einer selbständigen Entscheidung
die Gesetze eher beachtet als den Menschen?
Wie viele Menschen sind an deiner lieblosen
Pflichterfüllung und an deiner Scheinheiligkeit
zerbrochen?

„Ich bin von den Toten auferstanden."
Womit hast du das bewiesen?

Gespräche und Gebete

Gebet
beim Begräbnis eines Kindes

O Gott! Wir tragen ein Kind zum Friedhof!
Ich schaue hinaus in die Weite der Landschaft,
ob mich ein Zeichen der Natur trösten kann.

Da sehe ich eine Felswand vor mir,
steil, fast senkrecht emporragend.
Mir kommt der Gedanke:
Du bist wie ein Fels:
hart und undurchdringbar!
Und doch wie ein Fels,
an dem ich mich festhalten kann.

Ich sehe in die Gesichter derer,
die gekommen sind,
um mit Vater und Mutter
Abschied zu nehmen.

Mitten in unserer Unsicherheit,
mitten in unseren Gewohnheiten
erleben wir das Unbegreifliche.

O Gott, wir nähern uns Dir und zittern.
Deine Liebe ist anders, schrecklich anders
als unsere Liebe.
Fühlst Du mit uns?
Erreichen wir Dich nicht
mit unseren Tränen?

Tief innen spricht eine Stimme:
„Und gehst du durch ein Meer von Tränen,
du wirst nicht verzweifeln,
denn Ich bin bei dir!“

Bei Dir angelangt

Ich wollte mich heute
mit jemand verabreden.
Es kam alles anders.
Jetzt,
da ich einsam in der Kirche sitze,
weiß ich's:
Du bist's,
der mit mir heute reden will.

Wie lange reicht die Kraft, Hiob?

Du bist begabt,
du bist gesund.
Du hast Frau und Kinder.
Du hast genug zu essen.
Du hast einen schönen Besitz.
Du konntest unbeschwert beten.

Viel loben, viel danken, viel singen!
Das Leben wäre ein Loblied geworden.
Man hätte gesagt:
„Beim Hiob hat alles gestimmt!
Ein Gott wohlgefälliges Leben!“

Doch alles kam anders.
Unglück, Unfall, Tod.
Verlust, Krankheit.

Spüren, wie sich die Umwelt wandelt.
Die fröhlichen Worte der Freunde von einst
und ihr kraftloses Geschwätz jetzt.

Spüren, wie der Ring immer enger wird.
Wie Verheißung um Verheißung,
Hoffnung um Hoffnung
aufgesaugt werden
von dem bohrenden, quälenden „Warum“.
Warum ich?
Du fragst, du klagst.
Du forderst Gott selbst heraus.
Du hast lange gelitten.

Deine Einsamkeit hat dir den Zugang
zum Herzen des Unendlichen verschafft.
Du kommst Seinem Herzen ganz nahe.
Was du vernimmst in der Stunde
deiner innigsten Gespräche
und deiner quälenden Fragen,
ist keine Antwort.
Du wirst aber verwandelt
von Ihm, der mit dir redet.
Du beginnst von neuem zu beten,
beginnst zu danken.
Du hast wieder Mut,
dich zu verneigen.
Auch dort, wo du mit dem Verstand
nichts verstehst.

An Johannes

Von dir heißt es:
„Der Jünger, den Jesus liebte."

Es ist tröstlich für uns
zu wissen,
daß Jesus zwölf Jünger auswählte
und von denen nochmals drei.
Mit Petrus und Jakobus
gehörtest du
zum engsten Kreis Jesu.

Jesus hat sich dir anvertraut.
Du standest auf dem Tabor.
Du ruhtest beim letzten Abendmahl
an der Brust des Herrn.

Du standest bei Ihm
in Stunden der Angst auf dem Ölberg.
Du warst unter dem Kreuz
dem Spott der Menge ausgeliefert.
Er hat dir Seine Mutter übergeben.
Du hast Ihn verstanden, ohne Worte.

Als der einzige Jünger Jesu
hast du deinen Meister
bis zum Letzten begleitet.

Du bist zum Grabe gerannt,
hast das leere Grab gesehen
und wußtest: „Jesus ist auferstanden!"

Du hast vor dem Hohen Rat gesagt:
„Wir können nicht schweigen von dem,
was wir gesehen und gehört haben.“
Du hast aus der Erfahrung deines Lebens
uns deine Einsicht geschenkt:
„Gott ist die Liebe!“

Du hast uns Jesus Christus gezeigt
als den Sohn Gottes,
der gekommen ist,
in uns zu wohnen.

Du hast durch deine Liebe
die Geheimnisse Jesu Christi
ohne Erklärung begriffen.

Du bist geprägt
vom Geheimnis der Zuneigung,
der Gnade und Liebe
deines und unseres Meisters
Jesus Christus.

An einen, der es uns leichtmachen will

Du gibst dich sehr charmant,
verhandelst gerne,
bist kompromißbereit.

Du weichst das auf, was Jesus sagte.
Du versuchst dich mit Erklärungen
und mit billigen Deutungen
in Menschenherzen einzuschleichen:
„Das ist nicht so, wie es da steht,
das ist anders!" Nämlich so,
wie es uns Menschen sagen,
die die anspruchsvollen Worte Jesu
nicht vertragen können.

Du bist sehr schlau;
du versuchst, immer vernünftig zu sein.
Du sagst: „Das kann man nicht verlangen.
Das liegt nicht in der Menschennatur,
das ist unmenschlich!"
Du sagst: „Wer kann geben,
ohne daß er selbst besitzt?"

Du bist gerne bereit,
mit dir reden zu lassen.
Aus Nächstenliebe, wie du sagst.
Du sagst: „Das kann man nicht verlangen
von einem Mann, von einer Frau.
Sie haben genug gelitten.
Sie müssen sich trennen."
Was heißt, genug oder zuviel gelitten?
Ein anderer, der sich rastlos
für Menschen hingibt,
wird plötzlich müde, gibt den Dienst auf
und pflegt nur sein eigenes Nest,
weil du ihm sagtest: „Du bist überfordert!"

An Maximilian Kolbe

Du warst der Häftling Nummer 16670
im KZ Auschwitz.
„Wer sein Leben retten will,
wird es verlieren.
Wer es um meinetwillen verliert,
wird es gewinnen."

Du hast gewagt,
die Wahrheit dieses Wortes
zu beweisen.
Du hast gezeigt, daß es Höheres gibt
als dieses irdische Dasein.

Du hast dich gemeldet,
als man einen Familienvater als Geisel
für den Hungerbunker auswählte.
Da bist du aus der Reihe getreten.
Du hast dich für ihn geopfert.
Viele haben gedacht:
„Er ist wahnsinnig geworden!"
Doch du hast gesagt:
„Ich möchte für einen sterben,
der Frau und Kinder hat."
Und so wurde die Nummer 5659 gestrichen
für den Vater Gajowniczek.
Und deine Nummer kam in die Liste.

Es ist etwas anderes,
in der Bibel zu lesen:
„Eine größere Liebe hat niemand,
als wer sein Leben hingibt für seine Freunde."
Und etwas anderes,
es tatsächlich zu tun.
Du hast nicht gesagt, wie wir alle es täten:
„Gott sei Dank, mich hat es nicht getroffen!"

Deine Botschaft bedeutet mehr
als viele Bücher über den Sinn des Lebens.

Du hast etwas getan,
wovor wir alle zittern:
Dich für einen anderen töten lassen!

Freiwillig,
für einen Unbekannten!

Die Qualen der vierzehn Tage im Bunker!
Kaum stehen können, stockfinstere Zelle,
ohne Strohsack, ohne irgend etwas,
außer dem schmutzigen Eimer!
Sicherer, grausamer Tod!

Was magst du in den vierzehn Tagen
gedacht und gebetet haben?
Bevor jener Arzt kam,
der dir die Injektion spritzte.

Du bist nicht gerettet worden,
wie auch Jesus am Kreuz nicht gerettet wurde.

Am Maria-Himmelfahrts-Tag wurde
dein Leichnam verbrannt.

Und doch: Dein Leben ist gerettet.
Du bist nicht zu töten.

Heute, wo jeder sich selbst
mit allen Mitteln zu retten versucht,
werde dein Name genannt,
laut und deutlich:
Maximilian Kolbe!

Was mir auch fehlt

Was mir auch fehlt,
Du bist bei mir.
Muß ich auch gehen
von Fremde zu Fremde,
Du bleibst mir die Heimat.
Erleide ich Schmerz um Schmerz,
Du gibst mir die Stärke.
Frag' ich auch „Warum?“ und „Weshalb?“,
Du bleibst mir die Antwort nicht schuldig.
Muß ich auch wandern
vom Diesseits ins Jenseits:
Du hältst mir die Hand.

Am Grabe einer Bergbäuerin

Was hast du gewußt
in dem Augenblick, als du vor dem Altar
zu deinem Mann gesagt hast: Ja!?
Du kanntest kaum die Mühen
und Sorgen eines Bergbauernhofes.
Du wußtest, Liebe macht stark.
Du warst eins mit deinem Mann
und eins mit Gott.
Da sagtest du ja als Mensch,
nicht als Übermensch.
Du wußtest nichts von deiner Zukunft.
Du hofftest, Kinder zu haben.

Schon beim ersten Mal eine Fehlgeburt.
Du hast die Hoffnung nicht aufgegeben.
Du hast zehn Kindern das Leben geschenkt.
Dein Gesicht ist geprägt von jahrelangen Opfern.
Du hast viel gelitten, gehofft,
bis die Kinder reif wurden.
Du konntest warten wie Gott.
Wäre dir damals die Angst gekommen,
als dein Mann dich fragte:
Bist du bereit, meine Frau zu werden
und mit den Hof zu versorgen?
Was wäre geworden aus dir?
Deine Bekannten und Nachbarn
haben dich gewarnt:
„Das hältst du nicht durch,
du bist eine zarte Frau."

Heute sehen wir, wie vieles du bewältigt hast.
Durch siebzig Jahre hindurch.
Du hast dich jedem Kind als Mutter zugewandt.
Du bist ein Wunder für viele geworden.
Jetzt stehe ich da an deinem Grab.

Ich denke an Menschen, die heute
schon nach dem ersten Kind sagen:
Es ist mir zu mühsam,
ein zweites Kind zu haben.

Bleib uns in Erinnerung!
Hilf uns in unserer Welt,
daß wir nicht in unseren Zweifeln und Ängsten,
in unserem Mißtrauen versinken.
Bleib uns nahe
mit deinem vertrauensvollen Blick!

Ehe der Hahn kräht

„Mein Leben will ich für Dich einsetzen, Jesus!"
Mein Leben willst du für mich hergeben, Petrus?
Wahrlich, wahrlich, ich sage dir:
Ehe der Hahn kräht,
wirst du mich dreimal verleugnen.

Du willst dich ernstlich bessern.
Ehe der Hahn kräht,
fällst du zum hundertachzigsten Mal
in die gleiche Schwäche.
Sinkst du zum zweihundertsten Mal
in den gleichen Abgrund.

Ich will dir die Treue halten
bis in den Tod!
Ehe der Hahn kräht,
hast du mich dreimal
mit einer anderen Frau betrogen.

Du willst deinen Jähzorn beherrschen.
Ehe der Hahn kräht,
hast du einen Menschen angeschrien.

Du willst Priester werden,
in einen Orden eintreten.
Ehe der Hahn kräht,
hast du von diesem Gedanken
Abschied genommen.

Du willst nicht so wie die anderen sein.
Du willst nicht nur nach Besitz trachten.
Ehe der Hahn kräht,
hast du dich dem Geld verschrieben.

Du willst die Seele des Partners
suchen und finden.
Ehe der Hahn kräht,
gibst du dich mit dem Körper zufrieden.

Du willst Gott suchen,
solange du lebst.
Ehe der Hahn kräht,
hast du auf Gott vergessen.

Du willst dir deine eigene
Meinung bewahren.
Ehe der Hahn kräht,
heulst du mit den Wölfen.

Du willst ein Vorbild sein
für viele.
Ehe der Hahn kräht,
ekelt es dir vor dir selbst.

Du hast die Gnade, wie Petrus
in dich zu gehen.
Zu weinen und dadurch
die Vergeblichkeit der großen Worte
zu erleiden.

Gebet der Heimkehr

Um einige Verwundungen reicher,
um einige Entdeckungen weiter,
kehr' ich zurück zu Dir.
Ich habe im Geflüster der Stimmen
Dein Wort zu hören begonnen.

Gescheite Gedanken genügen nicht.
Wir brauchen Gespräche mit Gott.
Vieles klärt sich im Gebet.
Da wird der Gegensatz zur Ergänzung.
Feindschaft verwandelt sich in Verständnis.
Die äußere Not bleibt,
doch im Innern spürst du:
Einer trägt mit!

Herzensgebet

Wort Christi,
präge mich!

Geduld Christi,
trage mich!

Kraft Christi,
stärke mich!

Hände Christi,
ergreifet mich!

Freude Christi,
erlöse mich!

Atem Christi,
belebe mich!

Geist Christi,
erfülle mich!

Liebe Christi,
durchströme mich!

Die Antwort Jesu

Ich bin der Auferstandene.
Ich bin das Leben.
Ich mußte das leiden,
um so zu meiner Weite zu kommen.
Ihr saugt euch am Leiden dieser Erde fest,
ihr redet oft von Krankheit,
berichtet breit über das Böse,
sprecht nur von Streitigkeiten und Schwierigkeiten.
Euch ist viel geschenkt,
doch ihr nützt euer Leben nicht.
Ich bin herabgestiegen,
nur ihr habt mich wieder hinaufgehängt.
Ihr habt vergessen,
mich vom Kreuz herunterzunehmen.
Ich bin für euch ein Schreckgespenst geworden.
Ihr habt das Leiden verherrlicht.
Zählt einmal in euren Predigten,
in euren Büchern und Gebeten,
wie oft vom Leiden,
wie wenig von Gemeinschaft,
von Freude und Glück die Rede ist.
Ich bin doch gekommen,
um euch den Weg
zu einem erfüllten Leben zu zeigen,
und nicht, um euch das Leben schwerzumachen!

Lobgesang
für den dreifaltigen Gott

Ich preise Dich,
Schöpfergott!
Du wogst
im weiten Feld der Seele.
Du beugst Dich
in den Kronen der Bäume.

Ich preise Dich,
Erlösergott!
Bruder Jesus Christus.
Du schaust mich an
mit den Augen der Kinder.
Du beugst Dich mir zu
im angsterfüllten Gesicht
der Unglücklichen.
Du stehst vor mir
in der Gestalt der gelassenen Menschen,
deren Seele mich prüft.

Ich preise Dich
mit dem Heiligen Geist!
Ich preise Dich
mit dem geisterfüllten Gespräch der Weisen,
mit den Phantasien der Künstler.

Ich preise Dich mit den Toten,
die Dein Geist auferweckt.
Mit dem Lehm,
den Dein Geist behaucht.
Ich preise Dich, Gott,
ewig mit sich eins, ich – Du – wir!
Göttliches Geheimnis der Liebe;
Erkenntnis – Hingabe – Leben.

Sich erkennen,
sich hingeben,
erlöst werden!
Dreifacher Sinn unseres Lebens!

Ich preise Dich,
Gott, Mensch, Geist.
Heilig, menschlich, geistig.
Gewachsen, geworden,
der vielfältige Mensch
aus dreifacher, ewiger Wurzel.

Seht, welch ein Gott!

Seht, welch ein Gott!

Hoch oben hängt Er –
und unter Ihm: die Pharisäer
und die Schriftgelehrten.
Sie wußten,
wie es kommen mußte.
Sie waren sich
der Sache sicher:
Gott verläßt sie nicht.
Auch diesmal nicht.
Nur der da droben
wird bald schreien:
„Mein Gott, mein Gott,
warum hast Du
mich verlassen?"

Seit diesem Schrei
des Gottessohnes
ist das „Warum" zum Gebet geworden.
Seitdem hat der Schrei „Warum"
seinen Platz in Gott gefunden.

Gott

Gott,
der am Gott-Sein nicht festhielt,
sondern Mensch wurde.
Der nicht im Himmel blieb,
der zur Erde herabstieg,
heimkehrte
und sich wieder aussandte
in neuer Gestalt als Geist.
Der Eine,
der den Menschen liebt.

Nicht in ihre Häuser

Viele meinten,
sie kennen Ihn schon seit der Kindheit,
sie seien durch Schule und Bücher
bestens über Ihn informiert,
und waren ratlos,
als Er gegen ihre Erwartungen
nicht in ihre Häuser,
sondern zu einem Vorbestraften,
einem ständigen Zweifler,
einem verdächtigen Subjekt
auf Besuch kam.

Anders, als sie wollten

Bei den Wundern,
da drängten sie sich um Ihn,
als Er dem blinden Bartimäus das Augenlicht gab,
da lobten sie Gott,
als Er dem Gelähmten das Aufstehen befahl,
da verstummten sie,
als Er den Lazarus vom Tode erweckte,
da standen sie dicht neben Ihm:
seine Jünger – seine Kirche.

Als Er aber vom Leiden sprach,
nahm Ihn Petrus beiseite und sagte:
„Nicht leiden, mein Herr,
sondern mit dem Schwerte kämpfen und siegen!"

Er aber ging nach Jerusalem,
um zu leiden und zu sterben.
Er ließ sich in die Hände seines Vaters fallen –
verlor und siegte in einem.

Endlich einer

Endlich einer, der sagt:
„Selig die Armen!“
und nicht:
Wer Geld hat, ist glücklich!

Endlich einer, der sagt:
„Liebe deine Feinde!“
und nicht:
Nieder mit den Konkurrenten!

Endlich einer, der sagt:
„Selig, wenn man euch verfolgt!“
und nicht:
Paßt euch jeder Lage an!

Endlich einer, der sagt:
„Der Erste soll der Diener aller sein!“
und nicht:
Zeige, wer du bist!

Endlich einer, der sagt:
„Was nützt es dem Menschen,
wenn er die ganze Welt gewinnt!“
und nicht:
Hauptsache vorwärtskommen!

Endlich einer, der sagt:
„Wer an mich glaubt, wird leben in Ewigkeit!“
und nicht:
Was tot ist, ist tot!

Wer
Jesus
hat,
at das
Leben
Die Bibel
1. Joh. 5,12

Ich schaue auf Dich

Ich sehe Dich auf einer Ikone.
Dein Blick trifft mich
wie eines Menschen Blick,
der in mir das Geheimnis sucht
und es nach langer Zeit findet.
Du siehst mich an als Gott, als Mensch,
der nicht nur um den Teil,
der um das Ganze weiß.
Du schaust mich an
und verstehst mich.

Du schaust mich an als einer,
der niemals schuldig wurde.
Du schaust mich an
wie einer, der hunderttausendmal
sterben mußte und doch wieder
lebendig wurde.

Du durchdringst mein Wesen.
Dein Blick nimmt mir den Haß
gegen alles Böse in der Welt.
Dein Blick nimmt mir die Eifersucht,
den Neid, den Geiz und gibt mir
die innere Klarheit.
Dein Blick verzeiht,
ohne die Schuld ungeschehen zu machen.
Dein Blick vergibt,
ohne mir das Leiden
an mir selbst zu ersparen.

Petrus
oder die Geduld des Meisters

Wissen,
ein Mensch wird dich
nach drei Jahren Freundschaft
dreimal verleugnen.
Wissen,
zur Zeit der Kreuzigung
wird er sich verstecken.
Wissen, wie schwach ein Mensch
werden kann,
und trotzdem zu ihm „Fels“ sagen,
und auf einem solchen „Fels“
eine Kirche bauen.

Wissen,
wie ein Mensch sich wandelt,
wie er ohne Angst
und ohne Falschheit spricht,
wie ein Mensch verfolgt wird
und doch stark bleibt.
Wie er stirbt am Kreuz
mit dem Kopf nach unten.

Wissen
um des Menschen Größe
zu einer Zeit,
wo nichts als Schuld zu sehen ist.

Jesus am Kreuz

Allein mit einer Verheißung.
Am Kreuz.
Wer glaubt ihm das wirklich:
„Selig die Armen!"
wo den Reichen nichts abgeht?
„Selig die Barmherzigen!"
wo die Rücksichtslosen siegen?
„Selig die Verfolgten!"
wo die Diktatoren triumphieren?

Die einen würfeln um den Rock.
Die andern machen sich
noch lustig über seine Worte, seine Wunder.
Und was macht Er?
Er ruft nicht nach Rache –
Er verzeiht.
„Sie wissen nicht,
was sie tun."
Er verzeiht,
wo er allen Grund
zum Verdammen hätte!

Da hat die Auferstehung
schon begonnen.

Er ist ein Mensch geworden

Er ist ein Mensch geworden wie wir,
eingeklemmt zwischen Geburt und Tod,
zermürbenden Mächten ausgesetzt,
im Kampf mit denen, welche die Lüge lieben,
umgeben von Menschen, die ihn kaum verstanden,
geschunden, gequält und gekreuzigt:
Jesus von Nazaret.

Er lebte im Zwiespalt,
versucht und verlassen;
er ist zugrunde gegangen
mit der Frage: Warum?
Seine Antwort ermutigt uns
zum Leben.
Er hat sein Wort gegeben,
das die Angst vertreibt,
das vom Zweifel befreit
und das Hoffnung ermöglicht.

Er war, wo Menschen kämpften und litten,
wo Menschen ihre Hoffnung nicht aufgaben,
wo sich Arme, Entrechtete, Unnütze trafen,
Er war mitten unter Fremden und Feinden.
Er litt an der Lüge und an der Falschheit.
Er blieb bei der Wahrheit und sah
in der Liebe den Ausweis des Glaubens.
Er sprach Worte, die seine Freunde
nicht vergessen konnten.

Eine Verheißung
durchzieht unser Leben:
sein Geist macht uns bereit,
immer neu aufzubrechen
zu anderen Ufern.
Er gibt uns Vertrauen,
selbst Unmögliches zu versuchen,
wachsam zu bleiben,
die Wahrheit zu sagen,
ein geknicktes Rohr nicht zu brechen,
einen glimmenden Docht nicht zu löschen,
Getretene aufzurichten,
Geschundene nicht allein zu lassen,
Stummen ein Mund,
Tauben ein Ohr,
allen alles zu werden.

Jesus

Einer kam
und zeigte,
wie ein Blitzlicht,
einen Bruchteil
der Geschichte,
was ein Mensch
sein könnte.

König

Auf Golgota steht das Kreuz mit der Aufschrift:
„König der Juden".
Was für ein König!
Ein König der Bettler,
ein König der Gescheiterten,
ein König der Verurteilten,
ein König der Geschlagenen,
ein König der Verbannten.
Ein seltsamer König:
„Ich werde alles an mich ziehen,
wenn ich erhöht sein werde."
Blutströme, Tränenbäche der Erde,
ich werde alles an mich ziehen!

Der Gefolterte

Sie können ihn demütigen, erniedrigen,
beleidigen, auslachen, verspotten.
Eines können sie nicht:
ihm den Glauben nehmen.
Sie können ihn angreifen,
schlagen, einsperren.
Eines können sie nicht:
ihm die Seele rauben.
Sie können ihn hassen, bekämpfen.
Eines können sie nicht:
ihn daran hindern,
selbst sie noch zu lieben.

Am Kreuz

Noch denkt Jesus an ein Wunder,
das sein Vater wirken könnte,
noch denkt er an seine Jünger,
die ihn stützen könnten.
Noch hört er den Spott der Pharisäer.
Noch fragt er in seiner Not:
„Warum hast Du mich verlassen?"
Bis er sich löst von seiner Mutter
und sie dem Johannes übergibt.
Bis er sich löst von seinem Freund
und ihm Maria übergibt.
Bis er sich löst von seinem Wunsch,
ein Wunder soll geschehen.
Bis er sich fallen läßt.
Jetzt kann er sterbend sagen:
„In Deine Hände lege ich mich."

Heute ist er gestorben

Heute ist er gestorben,
mit dreiunddreißig Jahren,
ohne Verdienstmedaillen,
ohne Vermögen,
ohne Ansehen.
Nach drei Jahren Wahrheit
schon am Ziel,
schon am Kreuz,
verlassen,
diskriminiert,
kein Sieger,
ein Opfer,
stirbt, wie ein jeder stirbt:
schreiend,
hilflos,
allein,
Jesus, der Freund
der Diskriminierten,
der Kinder und Kranken,
mit einer Botschaft von Gott.

Steig herab vom Kreuz!

„Steig herab vom Kreuz!“,
so schrien sie.

Wir wollen glauben,
wenn wir um das Kreuz herumkommen.

Wir wollen glauben,
wenn es nichts kostet.

Wir wollen glauben,
wenn wir nichts lernen müssen.

Wir wollen glauben,
wenn wir nicht denken müssen.

Wir wollen glauben,
wenn alles so bleibt, wie es ist.

Wir wollen glauben,
wenn unsere Ruhe nicht gestört wird.

Wir wollen glauben,
wenn das Mittelmaß das Ideal sein darf.

Wir wollen glauben,
wenn wir mit halben Lösungen leben dürfen.

Wir wollen glauben,
wenn wir Geld als Gott verehren dürfen.

Wir wollen glauben,
wenn wir den Feind vernichten dürfen.

Wir wollen glauben,
wenn der Glaube unsere Macht verstärkt.

Wir wollen glauben,
wenn die Wahrheit zum Lehrsatz wird.

Wir wollen glauben,
doch wir wollen uns nicht ändern.

„Steig herab vom Kreuz! Es ist noch Zeit!
Steig herab! Wir bitten Dich.
Siehst Du nicht ein:
Du bist allein mit Deiner Wahrheit!
Steig herab und zeig,
daß Du nur ein Mensch bist,
der zu schwach ist, zu seinem Wort zu stehen.
Steig herab vom Kreuz!
Gib nach und sei vernünftig!
Wir wollen Deinen Anspruch rasch vergessen!
Steig herab vom Kreuz,
wir folgen Dir!
Dort oben bleibst Du allein!"

Und Er starb dort oben!
Als Zeuge der Wahrheit, nicht der Lüge.

Ich stehe vor einem Kreuz

Ich stehe vor einem Kreuz
und sehe das Gesicht des Gekreuzigten.
Ich bin erschüttert über die Wahrheit,
die mir gezeigt wird.

Ich höre die Nachrichten,
ich lese Zeitungen und bin betroffen:
Der Mensch lernt wenig aus der Geschichte.
Er leidet nach wie vor unsagbar viel.

Ich gehe in eine Kirche
und höre die Worte der Osterbotschaft.
Ich höre die Frage der Frauen,
die zum Grabe gehen:
„Wer wird uns den Stein vom Grab wegwälzen?"

Viele von uns fragen:
„Wer befreit uns vom Stein,
der auf unserem Leben lastet?"
Ich höre die Antwort des auferstandenen Herrn:
„Warum weinst du?
Ich war tot; doch siehe, ich lebe!
Ich halte die Schlüssel
der verborgenen Welten in meinen Händen.
Fürchte dich nicht, ich bin bei dir!
Dein Erlöser lebt.
Siehe, ich mache alles neu!"

Wo gestern noch Haß,
kann morgen Verstehen beginnen.
Wer gestern noch einsam,
kann morgen Gemeinschaft erleben.
Wer gestern noch trostlos,
kann morgen von der Gewißheit erfaßt sein:
Auch die schwerste Stunde hat ihren Sinn!

Spätestens

Spätestens am Grab kommt die Frage:
Das Kreuz Jesu auf seine Schultern nehmen
oder mit Sisyphos die Steine wälzen?
Spätestens am Grab zerbricht das Geschwätz
von Sicherheit und Macht.
Das Grab läßt
keine Täuschung zu.
Es bietet keine Stütze für den Trost.
Am Horizont des Grabes
kann sich nur der Glaube halten.

Lieben

Isaak hat einen neuen Vater,
Abraham einen neuen Sohn bekommen.
Als Jesus am Kreuz dahing,
verlassen, verraten,
ohne Wunder und Hilfe,
mußte der Sohn den Vater
und der Vater den Sohn
neu annehmen und lieben.

Auferstehung

Wir werden vor Türen stehen,
die sich von innen öffnen.

Die daran glauben, haben einen festen Schritt.
Sie teilen mitten unter Geizigen.
Sie danken mitten unter Undankbaren.
Sie hungern mitten unter Satten.
Sie gehen mit einfachem Licht
durch siebenfache Finsternis.
Sie leben wie die Lilien auf dem Feld
und wie die Vögel des Himmels.
Sie tanzen durch die Reihen der ewig Ernsten.

Zum Leben erweckt

Zwei leuchtende Augen vor mir,
ein fröhliches Kind, ein Mensch,
eine Hoffnung, eine Verheißung.
Ich höre noch, wie mir jemand zuflüstert:
„Dieses Kind lag bereits in einem Mülleimer;
eine Frau aus unserer Nachbarschaft
hat es herausgeholt und bei sich aufgenommen.
Sie hat es mit unendlich viel Liebe erzogen.
Ein lebendiger Beweis, was Liebe möglich macht ..."

Ich denke:
Den du von den Toten auferweckt hast.

Auferstanden

Grab, das ist:
nicht mehr weiterkönnen.
Grab, das ist:
keine Aussicht haben.
Grab, das ist:
zerbrochene Seele.
Grab, das ist:
ausgeronnen.
Grab, das ist:
tot.

Auferstanden, das ist:
Aufgabe haben.
Auferstanden, das ist:
Neuland sehen.
Auferstanden, das ist:
Liebe schenken.
Auferstanden, das ist:
vertrauen können.

Pfingsten

Sie sammelten die Reste
ihrer Freundschaft ein.
Es reichte nicht aus,
unterm Kreuz bei Ihm zu sein.
Sie saßen weitab
mit angstvollen Augen,
während Er starb.
Ernüchtert bis zum Ekel,
enttäuscht bis in die Wurzel des Herzens hinein,
Wesen zwischen Welt und Unterwelt,
Jünger, Apostel, Erwählte,
Sehende, die doch nichts sahen,
Hörende, die doch nichts hörten,
Glaubende, die doch nichts glaubten,
unerweckt, unerleuchtet,
Opfer der Angst,
Erben eines Gekreuzigten.
Bis der Geist kam
und ihre Bilder von Jesus verbrannte
und ihre Träume von Macht
verwehte.

Da erhob sich der schmerzscheue Petrus
und begann, lebensgefährlich zu reden
wie Isaias und Jeremias zuvor,
und kein Kreuz konnte ihn hindern daran,
allen Menschen zu sagen:
Der Gekreuzigte lebt!

Aus der Tiefe: Psalmen

Dein Gesicht vor uns

Ich erhebe mein Antlitz zu Dir,
der Du im Himmel wohnst!
(Psalm 123,4)

Wohin soll ich schauen, Herr?
Die Plakate öden mich an.
Ihre Werbung
für die Vergänglichkeit
täuscht Bleibendes vor.

Die Menschen scheuen sich,
einander ins Gesicht zu blicken.

Da erhebe ich meine Augen zu Dir,
Du wendest Deine Augen
nicht von uns ab.

Seit Ewigkeit schaust Du uns an,
ruhig wie am siebenten Tag der Schöpfung,
mitten in der Hast unserer Städte.

Aus der Tiefe

Aus der Tiefe rufe ich zu Dir,
o Herr!
(Psalm 130,1)

Je tiefer ich sinke,
desto stärker denke ich an Dich
in der Höhe, o Gott.

Aus der Langeweile
einer einflußreichen Runde,
aus den einfallslosen
Stunden einer Sitzung,
aus dem Zwiespalt
von Leib und Seele,
aus der Qual der Wahl,
aus der Abhängigkeit
von Geld und Menschen
rufe ich zu Dir, o Herr!

Zieh Deine Hand nicht zurück,
ich falle ins Nichts!
Ich brauche Dich
wie den Boden
unter den Füßen.

Ziel meines Wartens

So schrei ich, Herr, zu Dir! Ich spreche:
Du bist das Ziel meines Wartens,
mein Erbanteil in der Lebendigen Land.
(Psalm 142,6)

Ich habe lange auf Reichtum gewartet.
Heute habe ich Geld
und kämpfe mit der Langeweile der Satten.

Ich habe lange auf Titel gewartet.
Heute bin ich geehrt
und merke, wie wenig das zählt.

Ich habe auf Menschen gewartet,
lange und schmerzlich.
Heute bin ich umgeben von Menschen
und merke, wie Menschen mich ausnützen können.

Ich habe auf Vorletztes gewartet.
Ich bin vorsichtig geworden.
Ich prüfe die Propheten,
die mir Verheißungen bringen.
Was bringen sie wirklich?
Belastung, Befreiung?

Ich habe auf das Vorletzte gewartet.
Heute weiß ich:
„Du bist das Ziel unseres Wartens."

Der vergessene Gott

Baut der Herr nicht das Haus,
mühen sich umsonst,
die daran bauen.
(Psalm 127,1)

Baut der Herr nicht die Welt,
wird sie zur Unterwelt.

Baut der Herr nicht das Haus,
gibt es kein Zuhause für dich.

Gründet der Herr nicht die Ehe,
wird sie zum Kerker für dich.

Lenkt der Herr nicht dein Leben,
läufst du ständig im Kreis.

Wohnt der Herr nicht in dir,
zerfällst du in Gedanken und Triebe.

Er führt uns heim

Nach Psalm 126

Wenn Gott uns heimführt
aus den Tagen der Wanderschaft,
uns heimbringt
aus der Dämmerung
in Sein beglückendes Licht,
das wird ein Fest sein!
Da wird unser Staunen
von neuem beginnen.
Wir werden Lieder singen,
Lieder, die Welt und Geschichte umfassen.
Wir werden singen, tanzen
und fröhlich sein:
denn Er führt uns heim:
aus dem Hasten in den Frieden,
aus der Armut in die Fülle.

Wenn Gott uns heimbringt
aus den engen Räumen,
das wird ein Fest sein!
Und die Zweifler
werden bekennen:
Wahrhaftig, ihr Gott tut Wunder!
Er macht die Nacht zum hellen Tag;
Er läßt die Wüste blühen!
Wenn Gott uns heimbringt
aus den schlaflosen Nächten,
aus dem fruchtlosen Reden,
aus den verlorenen Stunden,
aus der Jagd nach dem Geld,
aus der Angst vor dem Tod,
aus Kampf und aus Gier,
wenn Gott uns heimbringt,

das wird ein Fest sein!
Dann wird er lösen
die Finger der Faust,
die Fesseln, mit denen wir uns
der Freiheit beraubten.
Den Raum unseres Lebens wird Er weiten
in alle Höhen und Tiefen,
in alle Längen und Breiten
Seines unermeßlichen Hauses.
Keine Grenze zieht Er uns mehr.
Wer liebt, wird ewig lieben!

Wenn Gott uns heimbringt,
das wird ein Fest sein.
Wir werden einander umarmen und zärtlich sein.
Es werden lachen
nach langen Jahren der Armut,
die Hunger gelitten.
Es werden singen
nach langen unfreien Nächten
die von Mächten Gequälten.
Es werden tanzen die Gerechten,
die auf Erden kämpften und litten
für eine bessere Welt!

Wenn Gott uns heimführt,
das wird ein Fest sein!
Den Verirrten werden die
Binden von den Augen genommen.
Sie werden sehen.
Die Suchenden finden endlich ihr Du.
Niemand quält sich mehr
mit der Frage „Warum“.

Es werden verstummen,
die Gott Vorwürfe machten.
Wir werden schauen,
ohne je an ein Ende zu kommen.
Wenn Gott uns heimführt,
das wird ein Fest sein!

Der Mensch sät in Betrübnis,
er leidet und reift!
Es bleibt sein Ende
ein Anfang!
Wer sät in Betrübnis,
wird ernten in Freude.
Denn Gott, unser Gott,
ist ein Gott der ewigen Schöpfung,
ein Gott,
der mit uns die neue Erde,
den neuen Himmel gestaltet.
Er läßt uns kommen und gehen,
läßt uns sterben und auferstehen.

Der Sand unserer irdischen Mühsal
wird leuchten.
Die Steine,
die wir zusammentrugen
zum Bau unserer Welt,
sie werden wie Kristalle glänzen.
Wir werden uns freuen
wie Schnitter beim Ernten.
Wenn Gott uns heimbringt
aus den Tagen der Wanderschaft,
das wird ein Fest sein!
Ein Fest ohne Ende!

Was braucht der Mensch?

Selig zu preisen der Mann, der die Versammlung der Gottlosen meidet, der den Weg der Lügner nicht geht und nicht in der Runde der Spötter sitzt; er ist wie ein Baum an Wasserbächen gepflanzt. (Psalm 1,1)

„Ich brauche Gott nicht!"
sagen sie und brauchen
Frau um Frau, Mann um Mann,
Auto um Auto, Titel um Titel.
Sie werden nicht satt
und fühlen sich einsam.

„Ich brauche Gott nicht!"
sagen sie und brauchen Tabletten
und können nicht schlafen.

Von der Sehnsucht blieb die Sucht,
von der Liebe die Gier,
von der Politik die Intrige,
von der Macht die Gewalt,
von der Autorität der Zwang,
von der Technik die Angst,
vom Reichtum der Streit,
vom Glauben das Brauchtum.

Selig der Mensch, der Gott braucht!

Empfangen können

Den Seinen gibt's der Herr im Schlaf.
(Psalm 127,26)

Die Vertrauenden stellen sich hin
und sammeln sich:
Ihr Gesicht ist gelöst,
ihre Hände sind leicht,
ihr Blick ist heiter,
ihr Atem ist tief.
Was sie sagen, gibt Kraft.
Was sie tun, kommt aus der Mitte.

Die Verkrampften spannen sich an,
fürchten sich ständig,
verbrauchen sich selbst
und leben doch nicht.

An Gott liegt es nicht.
Gott gibt sich denen,
die vertrauen
und empfangen können.

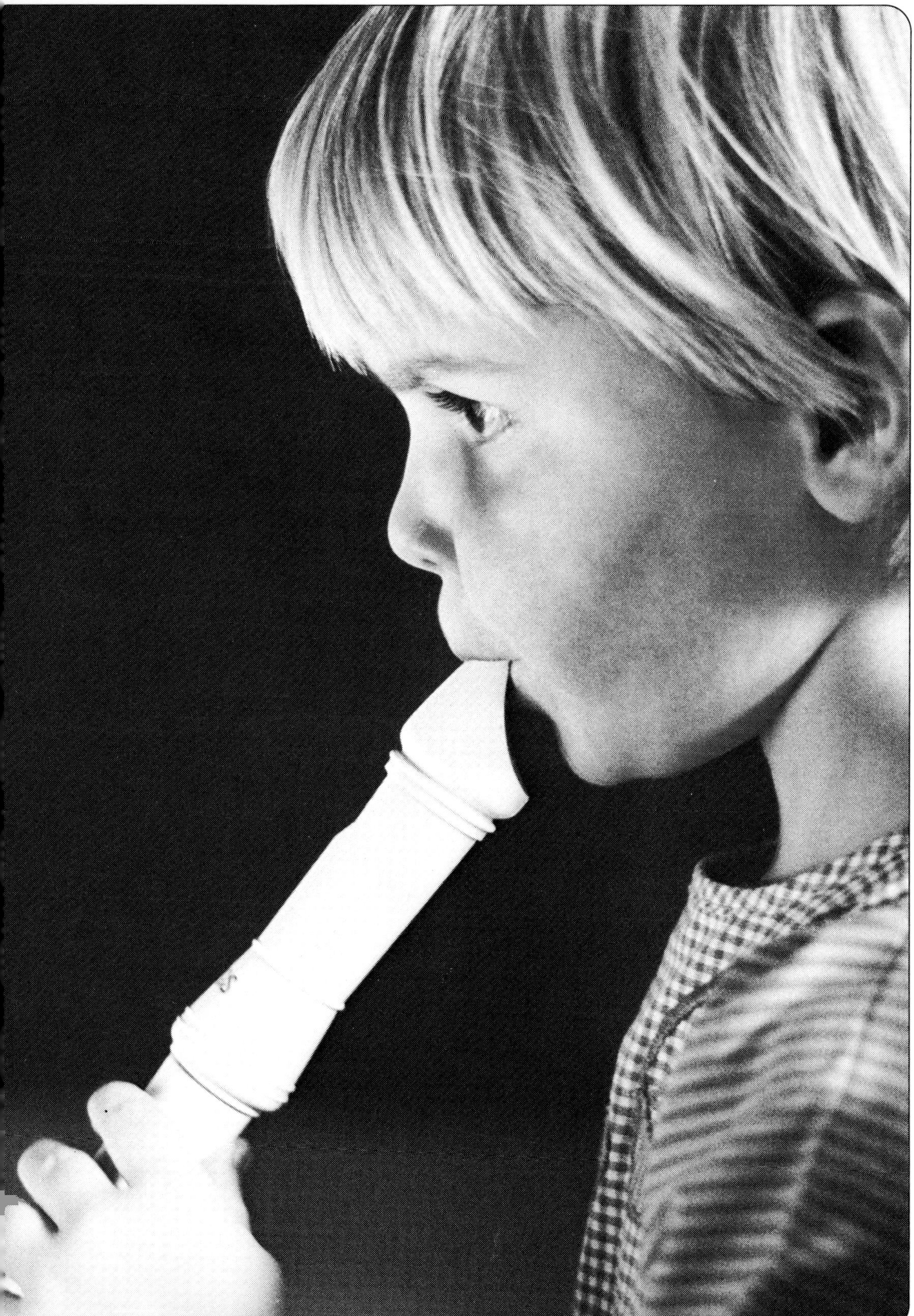

Das Versprechen von Menschen

Setzet auf Fürsten nicht euer Vertrauen,
auf einen Menschensohn,
bei dem es Hilfe nicht gibt.
(Psalm 146,3)

Einer ist absolut treu,
ein Mensch kann untreu werden.

Einer steht zu seinem Wort,
ein Mensch kann bestochen werden.

Einer hält seit Ewigkeit durch,
ein Mensch kann zusammenbrechen.

Einer erträgt alles,
ein Mensch kann ungeduldig werden.

Ich vertraue dem Menschen
mit meiner Erfahrung:
Er ist ein Mensch.

Ich vertraue auf Gott
mit meinem Glauben:
Er ist Gott!

Der Herr ist mein Hirt

Nach Psalm 23

Der Herr ist mein Hirt,
nichts kann mich töten.

Menschen beobachten mich.
Sie urteilen schnell.
Sie kennen mich kaum.
Ich bete zum Herrn.
Der Herr ist mein Hirt.
Sein Blick reicht
bis zum Grund meiner Seele.
Sein Blick birgt
alle Güte der Welt.

Der Herr ist mein Hirt,
nichts wird mir fehlen.
Er wird nicht müde,
Tag und Nacht mein Beten zu hören.
Er bricht nicht zusammen
unter der Last, die ich ihm übergebe.
Er gibt mir die Kraft,
unverdrossen zu helfen.
Der Herr ist mein Hirt,
nichts kann mich töten.

Die Tage vergehen,
Menschen eilen vorüber an mir.
Ich sehe ein Hasten und Eilen
durch Städte und Länder.
Ich ahne die wachsenden
Schatten rund um die Welt.

Doch ich weiß:
Der Herr ist mein Hirt,
nichts kann mich töten.

Meine Umgebung versteht mich nicht.
Sie tragen Masken und öffnen sich nicht.
Sie reden geschwätzig.
Sie geben mir nichts.
Ich ertrinke im Schweigen.
Ich finde das Wort nicht,
das mich mit ihnen verbindet.
Der Herr ist mein Wort,
das Nähe mir schafft.

Ich frage und suche,
ich denke und forsche,
doch die Frage brennt ständig in mir:
Woher und wohin!
Der Herr ist mein Hirt,
er zeigt mir den Weg
vom Grübeln zum Glauben,
vom Engpaß ins Weite.

Die Unruhe der Welt
bedrängt mich sehr.
Beim Herrn finde ich
Stille und Ruhe.

Er ist mein Fels,
wo alles sich auflöst.
Er ist mein Halt,
wo alle Stützen zerbrechen.

Er steht, wo wir fallen.
Er liebt, wo wir hassen.
Er schweigt, wo wir irren.
Er ist, wo wir werden.

Der Herr ist mein Hirt,
nichts kann mich töten.

Und muß ich durch dunkle Schluchten gehen,
ich fürchte kein Unheil.
Er ist bei mir.

Mit meinem Gott

Mit meinem Gott
spring ich über die Mauern.
(Aus Psalm 18)

Mit meinem Gott durchstoß ich die Wände
zwischen den Menschen
und baue ich Brücken zwischen den Feinden.
Mit meinem Gott kämpf ich allein
gegen eine geschlossene Front
und siege als David gegen Goliat.
Mit meinem Gott trag ich das Kreuz
trotz tausendmal Fallen auf Golgota.
Mit meinem Gott schau ich dem Tod
ohne Haß ins Gesicht
und lache und tanze.
Denn der Tod hat seine Tragik verloren.
Er ist nicht mehr das Letzte.
Das Letzte ist Er,
mein Gott, mit seinen unendlichen Räumen.
So bring ich mit meinem Gott
eine Welt der Töne und Farben,
der Worte und Gesten,
der Sonnen und Monde,
der Blumen und Menschen
in Schwingung,
bis alles sich dreht um den einen,
der ist, der da war und der kommt.
Halleluja, Halleluja!

Zweifache Verheißung

Der Herr ist mein Hirt,
nichts kann mir fehlen.
(Aus Psalm 22)

Du wirst mir nichts ersparen,
nicht den Weg durch die Wüste,
nicht den Kampf mit dem Goliat,
nicht den Platz auf dem Aschenhaufen des Hiob,
nicht den Sitz unter dem Ginsterstrauch,
nicht das babylonische Exil –
Der Herr ist mein Hirt,
Er wird mich ins Grab bringen
und wieder heraus –
Der Herr ist mein Hirt,
nichts wird mir mangeln,
nicht die Geborgenheit in der Arche Noachs,
nicht das Wohnen im Zelte des Herrn.
Der Herr ist mein Hirt,
nichts wird mir fehlen.
Alles darf mir genommen werden
außer dem Vertrauen zu Ihm.

Was bedrückt dich, meine Seele?

Was bedrückt dich, meine Seele,
und warum stürmst du in mir?
Hoffe auf Gott,
noch werd' ich ihn rühmen.
Das Heil meines Angesichts
und meinen Gott!
(Aus Psalm 42)

O Herr, ich sehe mit Schrecken:
Kaum ist ein Zweifel besiegt,
kommt eine neue Nachricht,
die mich beunruhigt.

Hab' ich nach langen Gesprächen
meine Einheit mit Menschen gefunden,
stört ein neuer Zwiespalt den Frieden.

Wo ich gestern noch helfen konnte,
stehe ich heute selbst hilflos da,
und wie ich auch denke und denke,
ich komm' an kein Ende.
So bleib' ich bedrängt.

Doch Deine Hand, o Herr,
reißt mich heraus.
Plötzlich spüre ich:
Du bist da!
Nicht, wie ich es erwarte,
nicht, wie ich es erhoffe.
Bilder von Dir, die ich mir machte,
zerbrechen durch Lebenserfahrung.
Täuschungen gebe ich auf.
Du hast mich von neuem geprüft.
Du hast mir von neuem die Richtung gezeigt.

Wie oft fragte ich

Nach Psalm 139

Wie oft fragte ich:
„Wo bist Du, o Gott?
Hast Du Dich zurückgezogen?
Bist Du geflohen vor mir?"

Wie oft sind meine Fragen
ein größeres Lob
als meine vielen Gebete.

Mitten im Schrecken
erkenn ich:
Du bist da!

Schau ich in die Augen
eines verwundeten Menschen,
den man vom Unfallort wegträgt,
Du bist da!

Blick ich in die Augen
von zwei Menschen,
die einander vor dem Altar
das Ja-Wort geben,
Du bist da!

Besuch ich Menschen im Kerker,
die mit sich selbst ringen müssen,
Du bist da!

Blick ich ins Gesicht der Mönche,
die zum Chorgebet gehen,
Du bist da!

Schau ich in die Augen von Kindern,
die in der Schulbank vor mir sitzen,
Du bist da!

Schau ich in die Augen von Vorgesetzten,
bevor sie mir einen Auftrag geben,
Du bist da!

Schau ich in die Augen von Freunden,
die mir viel bedeuten,
Du bist da!

Sitz ich im Flugzeug,
8000 Meter über den Häusern der Städte,
Du bist da!

Fahr ich im Zug
durch die Nacht,
Du bist da!

Komm ich zu einer Sitzung,
Du bist da!

Wandre ich allein auf den Berg,
Du bist da!

Kriech ich in eine Höhle,
Du bist da!

Sitz ich in einer alten Kirche,
Du bist da!

Sag ich auch hundertmal:
„Ich sehe Dich nicht!"
Ich spüre doch:
Du bist da!

Und frage ich auch:
„Wo bist Du? Wo bist Du geblieben?"
Du bist da!

Denn Du bist Gott!
Und das heißt:
Du bist da!
Da für uns!
Halleluja!

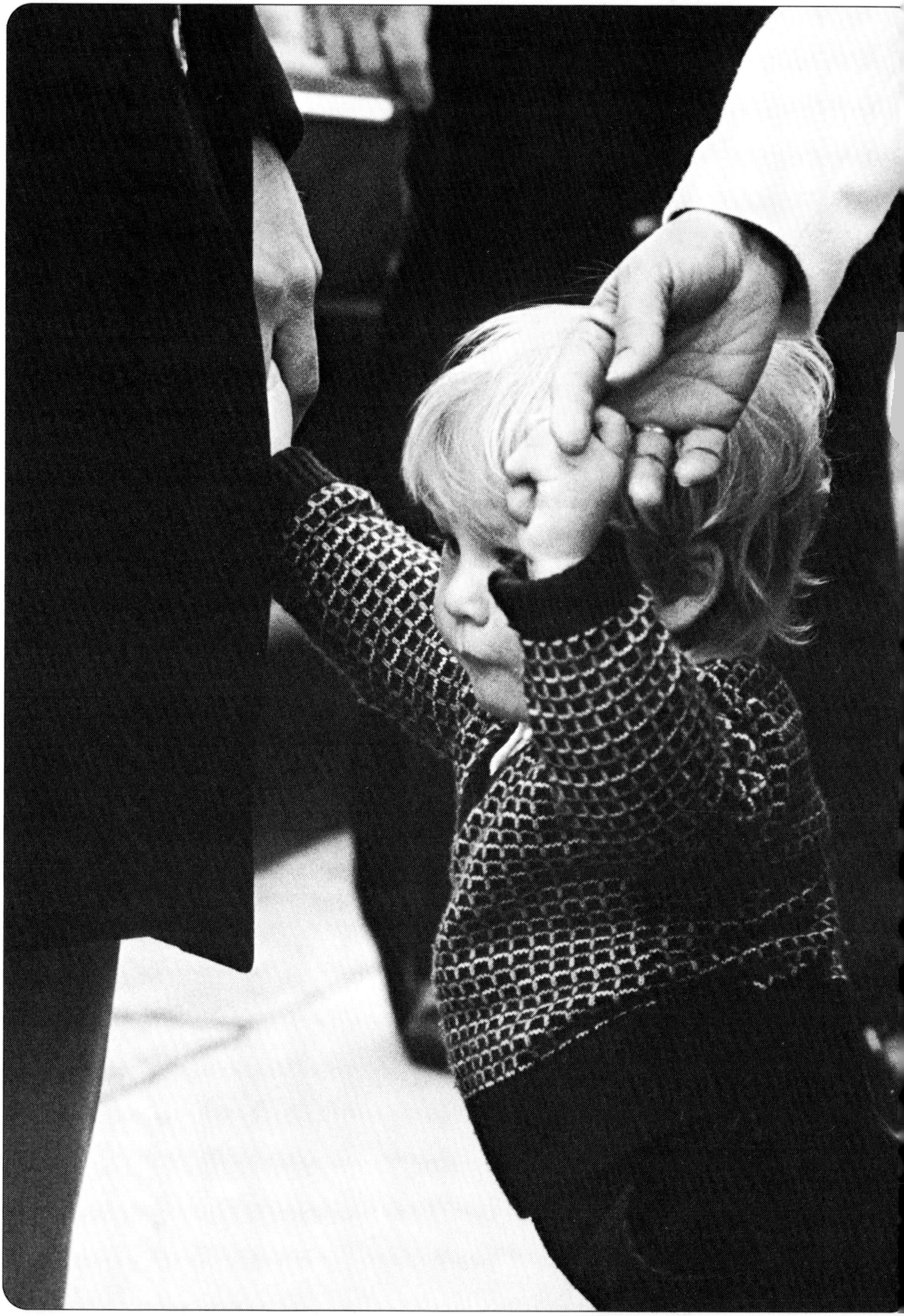

In Gott geborgen

Meine Liebe genügt dir

Im Armenviertel geboren werden.
Meine Liebe genügt dir.

In frühen Jahren die Eltern verlieren.
Meine Liebe genügt dir.

Lernen wollen, arbeiten müssen.
Meine Liebe genügt dir.

Nach mühsamem Aufstieg fliehen müssen.
Meine Liebe genügt dir.

Mit nichts beginnen.
Meine Liebe genügt dir.

Keine Arbeit finden.
Meine Liebe genügt dir.

Im fremden Land keine Freunde finden.
Meine Liebe genügt dir.

Gedemütigt werden.
Meine Liebe genügt dir.

Hungern müssen.
Meine Liebe genügt dir.

Seine Liebsten verlieren.
Meine Liebe genügt dir.

Allein dastehen.
Meine Liebe genügt dir.

Überlastet sein.
Meine Liebe genügt dir.

Bekämpft werden.
Meine Liebe genügt dir.

In seiner Ehe scheitern.
Meine Liebe genügt dir.

Unheilbar krank sein.
Meine Liebe genügt dir.

Sterben müssen.
Meine Liebe genügt dir.

Selig, die nichts von
meiner Liebe spüren
und doch an meine Liebe glauben.

Gott geht mit

Der Herr, der Gott eurer Väter,
der Gott Abrahams,
Isaaks und Jakobs,
hat mich zu euch gesandt.
(Exodus 3,15)

Gott ist.
Gott ist kein Hirngespinst.
Gott versteckt sich nicht.
Gott geht mit.

Gott ist Du.
Gott ist treu.
Gott geht mit Moses
zu Pharao,
ins Meer,
in die Wüste.

Gott geht mit
ins Getto,
ins Gefängnis,
in die Folterzelle,
zur Prüfung,
zum Traualtar,
zum Scheidungsrichter,
ins Altenheim,
ins Sterbezimmer!

Gott ist nicht feige,
Gott geht mit!

Zu Dir können wir kommen

O Gott, zu Dir können wir kommen,
zu Dir, großer Gott, ewiger Gott,
Vater, Mutter, Bruder, Schwester,
alles in einem!
O Gott, der Zeit hat für uns,
wie niemand für uns Zeit hat,
der gesammelt ist,
wie keiner gesammelt ist.
Du wartest, Du bist unsere Gegenwart,
Du wartest uns gegenüber.
Wir können zu Dir kommen,
wie immer wir sind:
gierig, rachsüchtig, übersättigt,
angeekelt, gottlos, versoffen.
Du wartest, in jeder Hafenkneipe, in jeder Bar,
in Luxusvillen und in Kellerlöchern.
Du wartest auf uns hinter jedem Volant,
Du im Tabernakel, Du draußen auf dem Meer,
Du im Hochhaus.
Du hältst Dich an kein Protokoll,
Du durchbrichst unsere seelischen Sperren
mit einem Blick, mit einem Wort.
Du wendest Dich nicht ab.
Hilflos sind wir, hilflos,
wir schreien aus der Kammer unseres Herzens,
aus dem Verlies unserer Seele.

Unendlich großer Gott,
Du führst uns aus der Sklaverei,
aus der Abhängigkeit in die Freiheit der Kinder Gottes,
aus der Wüste in die Oase,
aus der Gefangenschaft der Schablonen
ins schöpferische Denken.
O unwahrscheinlicher, unendlicher,
ewiger Gott!

Freude am Wagnis

Gott fühlt sich nicht wohl
im Marionettentheater.
Er hat Lust
am freien Menschen.
Er hat Freude
an der Begegnung.

Gott fördert die Freiheit des Menschen
bis zum Widerstand gegen Gott selbst.

Gott fühlt sich nicht wohl
im Marionettentheater.
Er wagt
die Freiheit des Menschen.
Er hat Freude am Wagnis,
weil er den Menschen liebt.

Ich wollte schon immer mit dir reden

So spricht Gott:
Ich wollte schon immer mit dir reden,
aber du hast mir keine Zeit gelassen.
Ich wollte dir schon immer sagen:
„Ich bin für dich da."
Aber du hattest Angst.
Ich wollte dir schon immer sagen:
„Fürchte dich nicht, denn ich bin bei dir."
Aber du hast mir nicht geglaubt,
sondern mich für fern, für abwesend,
für tot gehalten.
Ich wollte schon immer mit dir reden,
aber du hast mich nicht ausreden lassen,
denn es steht dir frei,
dich zu entscheiden,
ob du mir zuhörst
oder ob du abschalten willst.
Wenn du bereit bist,
auf meine Worte zu hören,
dann möchte ich dir sagen:
„Mit ewiger Liebe habe ich dich geliebt."
Meine Liebe bleibt seit Ewigkeit gleich.
Ob du dich abwendest oder mir zuwendest,
ich liebe dich!
Weil du lebst, liebe ich dich.
Weil du dich entfaltest, liebe ich dich.
Weil du Mensch bist, liebe ich dich.
Weil du der Erde angehörst, liebe ich dich.
Weil du dich in Raum und Zeit,
in einem bestimmten Raum
und in einer bestimmten Zeit
bewähren mußt, liebe ich dich.

Weil du nicht ohne Hoffnung und Glauben
leben kannst, liebe ich dich.
Mit ewiger Liebe liebe ich dich.
Du kannst dich mir anvertrauen.
Ich habe Zeit für dich.
Wann immer,
wo immer,
wie oft immer.
In der Nacht, am Tag,
komm zu mir, setz dich hin,
du brauchst mir nichts zu erzählen.
Ich sehe dich.
Wenn du willst, kannst du reden.
Rede, schreie, fluche, bete,
bete an, lauf fort, komm wieder,
mit ewiger Liebe liebe ich dich.
Meine Liebe zu dir war schon längst wirksam,
bevor du auf die Welt gekommen bist.
Ich liebe dich.
Weil ich dich liebe, bleibst du.
Du wirst nicht sterben.
Ich kann dich nicht vernichten,
weil ich dich liebe.
Was immer du tust, ich gehe dir nach.
Verläßt schon eine Mutter ihr Kind nicht,
auch wenn es etwas Böses tut,
so verlasse ich dich auf keinen Fall,
denn ich liebe dich.
Laß dich lieben!
Öffne dich,
laß dich von mir lieben.
Laß dich lieben von den Hügeln,
die du siehst.

Laß dich lieben von den Bergen,
laß dich lieben vom Blumenfeld,
und laß dich lieben vom Quellwasser.
Laß dich lieben von den Menschen,
die dir zulächeln,
laß dich lieben von den Menschen,
die mit dir zusammen sind.
Laß dich lieben!
Laß dich lieben von der Erde,
und laß dich lieben von den Sternen.
Mit ewiger Liebe habe ich dich geliebt,
Menschenkind,
ich kenne deine Geschichte,
mir ist nichts verborgen.
Ich warte,
bis du ja zu mir sagst.
Ich möchte dich nicht erpressen.
Ich kreuze ab und zu deine Wege,
ich warte hoffnungsvoll,
angstlos auf dein Credo,
auf dein Vertrauen zu mir.
Ich habe nichts davon,
wenn du Angst hast vor mir,
aber um dein Vertrauen zu erreichen,
tu ich, dein Gott, alles für dich.
Amen.

Du!

Wo niemand noch hinkam,
wartest Du immer schon.
Was niemand wahrnahm,
sahst Du immer schon.

Du trägst,
wo Besitz und Freiheit
zerbrechen.
Du hast ein Wort in der Stille,
wo die Weisen verstummen.
Du neigst Dich dem noch zu,
von dem alles sich abkehrt.
Du!

Du allein genügst
für ein volles Du
bei Tag und Nacht,
in Schwermut und Freude,
in und außer der Kirche.
Du stilles Gegenüber!
Du!

Wir können Tag für Tag
Hoffnung und Enttäuschung
vor Dir aufschichten.
Du bist nicht überfordert.
Du brichst nicht zusammen
durch bittere Stunden,
durch allzuviel Geben.
Seit Jahrmillionen
bist Du angesprochen,
angeschrien, angefleht, angeweint,
seit Millionen Jahren
bist Du das stille Gegenüber,
das Du, das wirkt,
ohne gesehen zu werden.

Seine Sonne geht auf

Seine Sonne geht auf
über Verurteilte und Richter,
Folterknechte und Gequälte,
Kinder und Eltern,
Enttäuschte und Satte,
Erfolgreiche und Pechvögel,
Ausländer und Nationalisten,
politisch Verfolgte und Gesinnungslumpen,
Sektierer und Rechtgläubige,
Pessimisten und Optimisten,
Verratene und Verräter,
Berühmte und Namenlose,
Etablierte und Proleten,
Professoren und Putzfrauen,
Rechtsradikale und Linksradikale,
Opportunisten und Nonkonformisten,
Mindestrentner und Millionäre,
Polizisten und Gauner,
Atheisten und Christen.

Seine Sonne geht auf
über Gute und Böse,
über Freunde und Feinde.
Und unsere Sonne bleibt
über den Freunden stehn.

In einer Hand

Beim Anblick meiner Hand
denk ich an Dein Wort:
„Ich habe deinen Namen
in meine Hand geschrieben!“

In Deiner Hand liegt alles.
Vier Milliarden Menschen.
In einer Hand.
Milliarden von Milchstraßen,
von Planeten und Sonnen.

Wohin wir auch irren,
wohin wir auch laufen,
wir Söhne und Töchter der Erde,
glückliche – unglückliche Hiobs alle zusammen,
wir stürzen in Deine offenen Hände.

Abendgebet

Den bewußten Tag ablegen,
wie man ein Kleid abstreift.

Den Tag übergeben können
und ohne Anspruch auf den nächsten warten
wie ein Bettler auf das Brot.

Das Beben seines Geistes
in der Stille
verebben lassen,
von Seinem Antlitz
sich richten lassen,
in Seinen Augen Gnade finden.

Aus Hoffnung schlafen können.
An die Kraft der Keime
im Acker glauben,
die in unsichtbaren Tiefen
die Ernte vorbereiten.

Laß mich
in Deine Hände fallen!

Vater, ich falle in Deine Hände!
Ich falle ins Nichts
und erfahre die Fülle.

Ich falle in Deine Hände!
Sie sind weit wie das Meer,
weit wie das All!
Deine Hände sind mein Zuhause.
Ein Daheim, das die Mauern
nicht kennt.
Niemand kann mich verstoßen
aus der Heimat Deiner Hände!
Und stirbt ein Mensch, den ich liebte,
sinkt er in Deine Hände
und ist geborgen in Dir.

Von Ihm geliebt

Hände auftun und wieder schließen.
Augen auftun und wieder schließen.
In Händen ruhn eine Ewigkeit lang.
Hineinschreiten in die Tiefe der Dreieinigkeit,
mit allen Evangelien im Herzen,
gereinigt durch das Feuer des Heiligen Geistes,
Kinder des einen Vaters geworden.
Denn geboren ist Jesus Christus,
unser Bruder und Herr!

Mit Dir auf dem Weg

Wohin ich auch gehe,
Du bist an meiner Seite.
Wohin ich auch blicke,
dahinter stehst Du!
Was ich auch höre,
Du sprichst mit mir.
Wer ich auch bin,
Du bist bei mir!

Du bist wachsam

Vieles hast Du in mir getötet,
von dem ich dachte,
ich müßte es züchten und pflegen.
Neues ist gekommen,
das mich erfüllt.

O Herr, ich danke Dir,
denn Du bist wachsam.
Nichts entgeht Dir.
Selbst in der Nacht noch
gibst Du mir Weisung
durch Bilder und Worte.

Ich preise Dich, Herr,
denn Dein Gespräch mit mir
erlöst mich von Angst.
Deine Nähe ist Frieden,
Dein Dasein ist Wunder,
Deine Weisheit ist Liebe.

Kein einsamer Gott

Dein Himmel, Deine Erde ist offen,
Du lebst nicht für Dich.
Du wagst Dich in unsere Häuser.
Du wartest,
bis man Dich einläßt.
Du liebst die Nähe der Menschen.
Du behältst nichts für Dich allein.
Du teilst Deine Macht.
Du nimmst uns die Angst
vor unserer Ohnmacht.
Jesus zeigt uns
Dein menschliches Antlitz.
Dein Geist läßt uns
schöpferisch sein.
Du freust Dich an der
Fülle der Schöpfung.
Du willst nicht allein sein.
Wo wir lachen und weinen,
wo wir denken und reden,
wo wir beten und forschen,
spüren wir deutlich:
Du näherst Dich uns
mit menschlichen Schritten.
Je mehr wir einander suchen,
desto eher finden wir Dich.

Du wartest
in vielen Gestalten
und Zeichen
vor unseren Augen und Herzen.

Urvertrauen

Der Unfaßbare,
der Unmeßbare
lockte Abraham
aus seinen
vier Wänden
ins Freie,
ins Ferne.
In der Wüste
entdeckten
beide einander.
Sie spüren,
sie tragen
einander.
Gott und Mensch
wachsen zusammen
zu einer
einzigen Kraft.

Ich bete Dich an

Ich werde, ich wachse,
Du gehst mir voran.
Ich bete Dich an
mit den Blumen im Frühling,
mit den Weiten der Meere,
mit dem Schrei eines Kindes,
mit dem Seufzer der Alten,
mit der Wunde der Denker,
mit dem Schmerz der Einsamen,
mit der Weisheit der Reifen.
Wie sehr ich Dich finde,
wie sehr ich Dich ahne,
Du ziehst vor mir weiter.
Im Blick auf unendliche Weiten
schaff' ich die Farben,
die Worte und Töne,
bis Du mich
heimbringst in Dein
ewiges Du!

Du strömendes Du

Wie Tau auf den Gräsern
liegst Du auf meinen Gedanken.
Wie ein Morgen breitest Du Dich aus
über meine Tiefen.
Wie ein Abend hüllst Du uns ein
in Dein Schweigen,
Du bleibendes Antlitz
hinter unseren flüchtigen Blicken,
Du strömendes Du hinter meiner Maske.
Du Ozean in den Augen der Guten,
Du Friede in den Händen der Liebenden,
Du reiches, fließendes,
unaufhaltsames, unerschöpfliches Du!
Du helles, Du dunkles Du!
Du überdachst mich mit dem Zelt
Deines Alls.
Du birgst mich,
Du erziehst mich zur Weite,
indem Du mich aus dem Paradies vertreibst.
Du hast mich aus dem Nest geworfen.
Einen unruhigen Geist hast Du
in meinen Lehm gehaucht.
Du läßt mich nicht ruhen.

Wie Abraham
drängst Du mich aus Ur in Chaldäa.
Jahrzehnte werden vergehen,
bis Licht und Dunkel geeint sind in mir,
wie sie eins sind in Dir.

Litanei des Abraham

Du bist diesseits.
Du bist jenseits.
Du bist am Rand.
Du bist in der Mitte.
Du bist da.
Nicht so, wie ich denke.
Nicht so, wie ich will.
Du bist anspruchsvoll.
Du bist unwahrscheinlich.
Du bist grenzenlos.
Du bist ungewöhnlich.
Du bist unstillbar.
Du bist unvorstellbar.
Du bist nicht zum Schweigen
zu bringen.
Du bist nicht einzuschläfern.
Du bist nicht zufriedenzustellen.
Du bist das Maß aller Dinge.
Du bist die Zukunft der Welt.
Du bist kaum durchzuhalten.
Du bist mein Gott,
Gott Abrahams,
Du bist Du und sonst nichts.

Der letzte Ausweg

Mit einem Menschen nicht zu Rande kommen,
ihn nicht mehr aus Mitleid halten können,
ihn in die Wüste schicken
mit dem zitternden Glauben:
Am Grunde des Abgrunds
ist Halt.
Die Hölle kippt
in den Himmel um.
Keiner geht
endgültig verloren
in der Hand Gottes.

Verheißung

Du wirst nirgends bleiben können,
du wirst geborgen sein.
Du wirst nichts zu essen haben,
du wirst dein Brot verteilen.
Du wirst nichts zu reden haben,
viele werden auf dich hören.
Man wird dich niederhalten,
du wirst frei sein.
Man wird dich verfolgen,
du wirst beschützt sein.
Du wirst ein Mensch werden,
du wirst in Gott sein.

Als erster gewagt

Langsam ist Abraham
Urmaß des Glaubens
geworden
zum Segen für Menschen:
als der erste Schritt
aus den ausgetretenen Pfaden,
als der erste Schrei
nach dem ziehenden Gott.